CANDICE PEYRAC ROZIÈRES

VOUS ÊTES CAPABLE

Le livre-expérience pour vous libérer de votre culpabilité

Robert Laffont

Les prénoms de certaines personnes citées dans ce livre ont été modifiés.

ISBN : 978-2-221-28147-5
Dépôt légal : mai 2025
Éditions Robert Laffont – 92, avenue de France 75013 Paris
info@lisez.com

À ma fille, que j'entends dans la pièce d'à côté
m'appeler maman pour la première fois.
Hier, tu avais besoin de moi pour manger,
pour marcher, pour apprendre.

Aujourd'hui, à l'heure où tu me lis,
j'aimerais que tu sois fière d'être ma fille,
et être celle qui t'accompagne et te guide pour devenir
une merveilleuse adulte. Rien que de penser à cela,
mon cœur se remplit du même bonheur
que lorsque tu es née.

À vous, mes parents et ma sœur.
Nous ne formons qu'un à l'infini.

Et à toute ma famille,
parce que je n'en ai qu'une et que pour rien au monde
je ne l'échangerais contre une autre.

Retrouvez-moi sur Instagram :
@candiceroz

Avant-propos

Ce livre, *Vous êtes capable*, s'adresse à qui cherche des réponses, un souffle nouveau ou un simple élan pour croire en ses possibilités.

Que vous soyez en quête de courage pour faire face à vos propres défis ou en train de reconstruire un rêve, ces pages sont pour vous.

Ce livre n'est pas un mode d'emploi, mais le témoignage d'un chemin. Imparfait, humain et, surtout, sincère. J'espère qu'il résonnera avec vos propres histoires.

Pourquoi cette nouvelle édition ? Parce que la vie est un processus en mouvement. Depuis trois ans, j'ai grandi, j'ai appris à faire face à des obstacles que je ne soupçonnais pas et à accueillir des joies inattendues. Il me semblait naturel de partager ces nouvelles réflexions avec vous, d'approfondir certains chapitres et d'en créer d'autres, toujours avec le même objectif : vous encourager à croire que vous êtes capable, peu importe le point de départ ou les épreuves.

Lorsque j'ai écrit la première version de ce livre[1], j'étais mère d'une petite fille de 10 mois, entrepreneuse passionnée et sur le point de me marier. Aujourd'hui, ma vie a évolué, traversant de nombreux changements qui m'ont menée vers un nouvel équilibre. Je regarde ma fille qui approche désormais de ses 4 ans grandir avec une émotion toujours renouvelée. Le temps file et moi, je vagabonde entre la campagne et Paris, oscillant entre le calme des grands espaces et l'énergie de la capitale.

Malgré ces changements, une chose reste essentielle : la conviction que nous sommes tous capables de transformer nos épreuves en forces. Ce livre est mon témoignage de cette croyance, et j'espère qu'il saura éveiller en vous cette étincelle qui pousse à avancer, malgré tout.

1. Paru en autoédition en 2022.

Introduction

Je suis d'avis qu'il n'est pas possible de faire disparaître ses douleurs et encore moins les plus profondes. Tous ceux qui affirment le contraire n'ont probablement pas vécu ce que vous avez vécu. La peine, quelle qu'elle soit, ne s'atténue à aucun moment. On tente tant bien que mal de l'ignorer, de la ranger dans une petite boîte déjà bien trop remplie, et on nie son existence. Pourtant elle est toujours là, à resurgir dans les pires moments, ceux où l'on s'y attend le moins, prête à nous faire souffrir encore et encore. Comme un putain de cafard qui nous colle à la peau.

Néanmoins il existe des leviers et des moyens pour vivre pleinement sa vie malgré ça. Pas de pilule magique ni de recettes miracles, mais des prises de conscience ; écouter son intuition et repérer les schémas que l'on répète en boucle. Les possibilités sont infinies quand c'est pour transformer sa vie et apprendre à savourer chaque instant de l'existence.

Je m'appelle Candice, et à l'instant où j'écris ces lignes, je tremble. La peur de me dévoiler à nouveau, trois ans plus tard, est bien là. Tapie dans un coin, prête à me retenir. Pourtant, je le fais. Parce qu'il y a un moment où il faut cesser de se cacher derrière le temps, derrière les silences, derrière l'attente. Parce que certaines vérités méritent d'être dites, même si elles secouent. Alors aujourd'hui, je reprends ce risque.

Vous vous demandez peut-être ce que je peux avoir à raconter à mon âge, et pourquoi j'écris déjà le récit de ma vie. J'ai traversé des choses que même un homme de 100 ans n'a probablement jamais vécues. Des passages très sombres que je ne souhaite à personne. Des traumatismes, de ma naissance jusqu'à la femme que je suis aujourd'hui. Si certains ont pu rendre ma vie assez douloureuse, d'autres ont été plus violents encore et m'ont menée à vouloir mettre fin à ma propre existence.

Pourtant, aujourd'hui, je suis debout. Je suis une femme épanouie, à la fois dans ma vie personnelle et dans ma vie professionnelle. Je suis entrepreneuse, spécialisée dans la vente (le *closing*), un métier qui me passionne et où j'ai réussi à créer un équilibre entre mes valeurs et mes ambitions. Je suis aussi maman d'une petite fille qui illumine mes journées et qui me pousse à être la meilleure version de moi-même. Ma vie de femme s'écrit chaque jour, entre les défis de la maternité, les responsabilités d'une carrière exigeante et les joies simples de l'amour et de l'amitié.

C'est avec cette force retrouvée et ce parcours singulier que je me mets à nu face à vous. Si je partage mon histoire aujourd'hui, c'est parce que je crois fermement que nous avons tous en nous la capacité de surmonter l'insurmontable. Ce récit est une main tendue, un témoignage de vulnérabilité, mais aussi de résilience. Il est là pour vous montrer qu'il est toujours possible de se relever et d'avancer, peu importe la noirceur des épreuves.

Dans ce livre, vous allez découvrir les événements que j'ai vécus de manière chronologique ; dans certains chapitres je serai rapide, synthétique. Pour d'autres, j'ai eu besoin de poser les choses, telles quelles. Brutes. Parce que je veux que mon livre soit à l'image de ce que j'ai en moi. À chaque coup de poing, coup de cœur, coup de gueule, j'exprimerai les leçons et apprentissages que j'en ai tirés. Ce sont tous ces moments, qu'ils soient singuliers ou totalement obscurs, qui ont fait et font ma vie – et j'imagine qu'il en va de même pour vous aussi.

Qui sait, peut-être qu'en me lisant, des souvenirs remonteront à la surface ? Parce qu'il y a des choses qu'on assume et d'autres, non, des choses que l'on sait trop bien et d'autres que nous avons enfouies. Mais qu'importe, quoi qu'il en soit, on ne peut pas revenir en arrière. Votre présent est la somme d'une série de décisions antérieures. J'espère que vous parviendrez à voir, en lisant mon histoire, que si moi, j'ai été capable, vous l'êtes tout autant pour accomplir ce que vous désirez pour votre propre vie.

Partie I

Là où tout commence

1
Coupable d'être abandonnée

Dans un coin perdu de l'Aveyron, en 1994, un couple attend avec impatience l'arrivée de son premier enfant.

Il y a eu plusieurs tentatives, difficiles d'ailleurs, mais cette fois, même si la grossesse a été compliquée, que la maman est anxieuse et les futurs parents, de plus en plus impatients, c'est la bonne ! Il arrive ! La chambre est prête depuis longtemps et le rêve de construire enfin une vie à trois est sur le point de se réaliser. Ce sera une fille et elle s'appellera Cécile.

Mais ce jour-là, rien ne se passe comme prévu. Le couple rentre à la maison, avec sa petite valise, le cœur brisé et sans sa fille.

Ils ont le choix : se séparer ou rester ensemble. Abandonner ou se battre. Survivre ou réapprendre à vivre. Dans ce livre, vous comprendrez très vite que l'amour triomphe. Toujours.

À l'autre bout du monde, un nourrisson est déposé sur les marches d'un orphelinat, à Saïgon. Enroulé dans une écharpe, dans un ancien chapeau conique vietnamien.

Il n'y a rien ni personne alentour, des chiens aboient, des gardiens sortent et récupèrent le nouveau-né.

Il est changé, badigeonné de baume du tigre. C'est une fille ! La directrice de l'orphelinat lui donne un prénom, Thi Van, qui veut dire « petit nuage ». Ce petit nuage, c'est moi. J'ai une semaine, je suis une crevette, frêle, pâle, mais très vite je m'acclimate à mon nouvel environnement. Les conditions d'hygiène sont difficiles, on se partage les biberons et la pauvreté est perpétuellement présente.

Pendant ce temps, le couple se reconstruit, jour après jour, semaine après semaine, dans un quotidien pesant mais rempli d'espoir ; il ne se laisse pas abattre.

Face aux défis rencontrés pour concevoir un enfant, le couple s'est engagé, depuis plusieurs années, dans des démarches d'adoption, poursuivant ainsi son rêve de fonder une famille.

Le 6 octobre 1994, un matin semblable aux autres, le facteur apporte le courrier. Ce jour-là, dans le paquet de publicités se trouve une enveloppe qui semble avoir fait un long voyage. À l'intérieur, une minuscule photo d'un bébé aux yeux bridés ainsi qu'une lettre disant simplement : « Venez vite ! Elle vous attend ! »

C'est signé d'une cousine, qui est bénévole dans un orphelinat et les contacte juste à temps. Le couple est dans tous ses états, les émotions s'entremêlent et tout s'accélère : des billets d'avion, une valise, quelques habits d'été et c'est parti !

Ils atterrissent en terre inconnue, rien ne leur est familier et pourtant, c'est le pays de leur fille alors ils s'y sentent étrangement bien. Ils sont prêts à tout pour elle. Il fait chaud, humide, ils ont passé une journée entière à voyager, mais cela importe peu : aujourd'hui, ils rencontrent leur fille. Va-t-elle les aimer ? Voudra-t-elle d'eux ? Réussira-t-elle à être heureuse dans un autre pays que le sien ? Tant de questions sans réponses pour ce couple, mais rien ne les arrête, le chagrin des derniers mois a disparu, pour eux qui ont tant souffert, tout est oublié. La joie, l'espoir, l'excitation planent, virevoltent autour d'eux.

Elle a un mois. Elle est rouge, a la gale et est sous-alimentée. Peut-être est-ce pour toutes ces raisons qu'elle a été abandonnée ?

Chaque matin, il faut remplir des formulaires, signer des documents et, surtout, attendre que le Vietnam valide son départ vers un nouveau pays : les futurs parents doivent faire preuve de patience.

Un jour, l'une des sœurs de l'orphelinat tombe malade. Elle est très faible, son diagnostic vital est engagé. Le couple, revenant d'un périple à Lourdes, a dans sa valise une petite bouteille d'eau bénite. Ils expliquent aux sœurs que cette eau est sacrée et qu'elle peut la guérir. Le lendemain, la religieuse est en pleine forme. Un miracle pour certains, une coïncidence pour d'autres. Personnellement, j'ai envie de croire au destin.

Pour les remercier, l'orphelinat accélère le dossier d'adoption… jusqu'au jour où tout est en ordre : ils peuvent enfin partir avec elle.

Et… ME VOILÀ ! Je vais avoir une maman et un papa sur qui compter à tout jamais. Ce n'est pas une seule vie qui est sauvée ce jour-là, mais bien trois. J'ai deux mois à cette époque et je rentre à la maison.

« Thi Van », c'est joli. Mais mes nouveaux parents souhaitent m'offrir un second prénom. Un prénom signifiant « pureté » : « Elle s'appellera Candice Marie Van. »

Le jour du départ, Claudie et Jean-Paul sont redevenus deux individus heureux. Il fallait juste y croire. Nous quittons Élisabeth, la cousine de mon père qui a rendu possible l'impossible. Elle devient ma marraine.

Nous prenons le vol pour Paris, je suis à leurs côtés, je vais bientôt rencontrer les habitants du village. Rencontrer toute *ma* famille, et tous leurs amis : je suis tant attendue. Cela sera l'événement de l'année dans cette petite campagne. Que cela plaise ou non, que les gens donnent leur avis ou pas, j'arrive, et mes parents feront tout pour que je me sente comme chez moi.

Que doit-on à ses parents ?

Lorsque nous recevons un amour immense et que des sacrifices sont faits pour nous offrir une vie meilleure, une question universelle se pose : que leur doit-on ? De réussir ? D'être heureux ? Une vie sans faux pas ?

Nombreuses sont les personnes qui grandissent avec un sentiment de devoir envers leurs parents, où se loge souvent la culpabilité. Mais sommes-nous vraiment redevables de ce qu'ils ont choisi de faire pour nous ? Devons-nous nous sentir coupables des épreuves que la vie a placées sur leur chemin ?

L'amour véritable, celui qui construit, ne demande rien en retour. Peut-être que la seule chose que nous leur devons, au fond, c'est de vivre pleinement. Libres de tout poids invisible.

2

Coupable d'être la seule

Nous ne nous rappelons pas vraiment les premières années de notre vie. On nous les raconte, mais nous n'en avons pas de réels souvenirs. Pour moi, les premiers remontent à mes 4 ou 5 ans.

Mais avant cela, en octobre 1996, j'annonce à tous ceux voulant bien l'entendre : « Ze pars avec papa et maman en Colombie chercher ma nouvelle petite sœur ! »

Le 10 novembre, mes parents deviennent parents pour la seconde fois. J'ai 2 ans et nous rencontrons à Popayan, ma petite sœur qui a 3 mois. Elle s'appelle Lucero mais, comme pour moi, mes parents lui donnent un nouveau prénom : Raphaëlle. La famille est désormais au complet, nous rentrons à la maison.

Les années passent, Raphaëlle et moi, on s'aime et on se chamaille comme deux sœurs. Chacune de nous a sa propre histoire et on se soutient pour ça aussi. Nous comprenons rapidement que quand on a été adopté, cela signifie aussi qu'on a été abandonné. Mais ce n'est pas grave, parce que papa et maman sont là et ce sont eux nos parents. Les meilleurs parents du monde.

Ma mère est très présente, nous sommes entourées de beaucoup d'amour, ma sœur et moi. Elle s'occupe de tout à la maison et on ne s'ennuie jamais. Mon père, lui, est souvent absent : réunions, représentations, discours politiques sont partie intégrante de son quotidien. Mais chaque fois qu'il est de retour, il joue bien plus que son rôle de papa. On se confie à lui, on reçoit des petits cadeaux et il nous fait rire.

Raphaëlle est une fillette rigolote, un peu boudeuse, qui a des frisettes. Elle est assez pâle, et plutôt mate l'été, comme tous les Français. Elle a les yeux bruns, comme maman, et l'humour de papa. C'est un petit clown qu'on a toujours envie de câliner. C'est aussi une petite fille qui n'est pas regardée comme une étrangère. Elle n'a pas l'air d'avoir été adoptée, ça ne se voit pas.

Moi, à l'âge de 5 ans, je m'observe dans un miroir et je vois, je comprends. Même si mes parents me l'ont toujours dit et répété, je conscientise les choses, ce jour, dans la salle de bains. Je ne porte pas de jugement sur mon reflet, je ne me dis pas que je suis jolie, ou laide, ni trop maigre ou trop enveloppée, je remarque simplement mes différences et je suis déçue de ne rien pouvoir y changer.

Pourquoi est-ce que chez ma sœur, on ne remarque rien ? Pourquoi est-ce que quand nous sommes quatre, j'ai toujours cette impression d'être la seule à ne pas faire vraiment partie du tableau ? Pourquoi est-ce que tous se ressemblent, sauf moi ? C'est étonnant comme, lorsque nous sommes enfants, nos questions sont entièrement innocentes et pourtant extrêmement puissantes.

Je me rappelle l'histoire du vilain petit canard, que ma mère me racontait. Un jour, à cause de son physique différent, il se contraint à quitter sa famille et à partir loin. En chemin, il rencontre de nombreuses personnes qui ne l'acceptent pas non plus. Il est toujours le seul à ne pas être comme les autres. Jusqu'au jour où il est ébloui par la beauté des cygnes, décide d'aller vers eux et découvre, en se mirant dans l'eau, qu'il est lui aussi un magnifique cygne. Combien de fois, quand maman nous emmène en ville et que nous croisons des personnes asiatiques, je suis obsédée par cette seule pensée : *je suis comme eux, c'est donc eux, ma famille*. Ma mère, mon père ou l'un de mes frères et sœurs. Je me persuade qu'ils veulent veiller sur moi en secret, voilà pourquoi ils ne viennent pas directement me parler.

J'y crois très fort pendant un moment, je ne veux plus me sentir seule ; puis j'abandonne l'idée. Parce que j'ai compris que mes parents ne me cherchent pas : ils sont déjà près de moi. Que ma famille, c'est celle qui m'a choisie, pas celle qui n'ose pas venir vers moi. Alors peu importe comment cela commence, le plus important n'est pas de savoir comment vous êtes arrivé au monde, mais plutôt avec quelles personnes vous partagez votre vie.

Toutefois, cela ne m'empêche pas de me poser mille et une questions. Chaque année, j'ai mon lot d'interrogations qui va avec mon âge. À 5 ans : est-ce que mes parents sont des rois et des reines ? À 6 ans : est-ce que j'ai des frères et sœurs ? Est-ce que mes parents viennent me visiter en cachette de temps en temps ? Puis à 7 ans : est-ce que je leur ressemble ? Pourquoi est-ce qu'ils m'ont abandonnée ? Est-ce qu'ils pensent à moi aujourd'hui ? Suis-je la seule à penser à nous ?

Chaque soir avant de m'endormir, je songe à ce que serait ma vie si je n'avais pas été abandonnée. Comment est-ce que je vivrais si je ne me sentais plus seule ? Et chaque soir, j'imagine une histoire différente – parfois délirante, parfois tragique, et d'autres fois totalement incroyable. Très jeune, je me pose des questions existentielles. Mais j'enfouis tout ça parce que ma famille m'aime et, à côté de ça, rien ne compte. Je m'endors en pensant à mes parents, à ma sœur et à mes quatre merveilleux grands-parents qui comptent tant pour moi. Mon paradis, c'est eux.

Est-on toujours tout seul ?

Le sentiment de solitude n'est pas toujours lié à l'absence réelle, effective. Parfois, il naît des questions sans réponse, des liens que l'on imagine mais qui restent invisibles, ou des attentes qui n'ont jamais été comblées. Mais pour autant, sommes-nous vraiment seuls ?

La vérité est que la solitude est une perception, pas une réalité absolue. Même si des pans de notre histoire semblent vides ou incomplets, les personnes qui choisissent de nous aimer remplissent ces espaces. Elles deviennent notre ancre, notre force et, souvent, notre plus grande vérité.

On se sent seul quand on regarde ce qui manque. Mais en tournant le regard vers ceux qui nous entourent, on découvre que certaines présences ont un pouvoir de réconfort infini sur notre cœur.

3

Coupable d'être différente

L'école, c'est trop bien ! En classe, je me retrouve avec quatre garçons qui deviennent mes meilleurs amis : Brice, Luc, Denis et Paul. Nous grandissons ensemble, jouons dans la cour de récréation comme si le monde nous appartenait.

Comme vous le savez sans doute, en primaire, il y a souvent une personne moins sympa que les autres. Ici, on l'appellera « X ». Chaque jour, X a des gestes peu sympathiques à mon égard et plusieurs fois, elle dépasse les bornes. Je crois que ma petite sœur a même dû prendre ma défense parfois – elle n'a que 7 ans, mais c'est elle qui me chaperonne. Une de ces fois-là, X me dit mot pour mot :

— J'ai une cinquantaine de brebis blanches et une seule brebis noire. La noire, mes parents et moi, on l'a appelée Candice. Parce qu'elle est comme toi, différente, et toi, tu es une étrangère.

Cela n'a peut-être l'air de rien mais, dans ce petit village d'à peine 400 habitants, une Vietnamienne, ce n'est pas dans la nature des choses. Quand je rentre à la maison ce jour-là et que je raconte ma journée à mes parents, je vois dans leurs yeux que ce n'est pas une bonne nouvelle que je viens de leur annoncer. C'est la première fois que j'ai une véritable conversation, sérieuse, avec des mots d'enfant, sur le racisme et les différences. Du moins, c'est la première dont je me souvienne. Je comprends presque tout. Je comprends surtout que X n'a pas nommé sa brebis Candice parce qu'elle m'aime bien et que je dois éviter d'aller lui parler pour le moment.

Mon maître d'école remarque lui aussi ce qu'il se passe : il ne peut tolérer cela. Il ne le veut pas. Alors un matin, il rassemble tous les élèves et nous fait apprendre la chanson *Lily*, de Pierre Perret. Si vous ne la connaissez pas, je vous invite à l'écouter calmement, et à vous imaginer ce qu'elle a pu générer en moi lors de la scène qui va suivre. Si vous la connaissez déjà, écoutez-la de nouveau, peut-être y trouverez-vous de nouvelles choses.

Le soir de la fête de l'école, nous avons chanté *Lily* devant tous les parents. C'est un hymne à la paix, à la résilience, pour expliquer à de grands enfants ce que cela signifie d'être rejeté, d'être jugé en fonction de sa couleur de peau ou de toute distinction physique ou morale. C'est lorsque mes parents m'ont raconté à nouveau cette scène, à mes 15 ans, que j'ai véritablement compris. Que j'ai tout saisi. Je me suis alors souvenue de mon maître d'école, et me suis sentie chanceuse, à ce moment-là, de l'avoir eu comme professeur.

Parce qu'avec une idée, un geste, une chanson, il nous a appris probablement bien plus que tous nos livres de cours confondus : comment accueillir en toutes circonstances, pourquoi être indulgent et bienveillant.

Comment continuer à avoir de l'espoir pour l'humain et à croire en les autres. Il m'a aussi appris à voir le vrai visage sous le masque. Il a planté une graine en moi et aujourd'hui je suis fière de transmettre à mon tour ces enseignements.

Pour avoir beaucoup échangé, avec toutes sortes de personnes, sur le sujet de l'école, je me suis rendu compte que la majorité d'entre elles ont vécu des traumatismes. Ou ont fait subir des peines à d'autres enfants. Nous ne le savons pas lorsque, enfants, nous vivons ces moments dans la cour de récréation mais, dix ans après, même vingt ans plus tard parfois, les adultes que nous sommes devenus gardent tous ces mauvais souvenirs en eux. La plupart du temps, nous avons même vécu toute notre vie en fonction des peurs et des jugements que nous avons reçus, enfants.

Si vous pouviez revenir en arrière, feriez-vous certaines choses différemment ?

Le passé est passé ; en revanche vous pouvez encore demander pardon, ou vous pardonner.

Les traces de l'enfance

Les mots de l'enfance ont un poids. Ceux que l'on reçoit, comme ceux que l'on prononce, peuvent laisser des marques profondes. Un simple geste, une phrase blessante ou une moquerie ont le pouvoir de s'ancrer dans un cœur en construction et de façonner des peurs, des doutes ou des croyances qui durent parfois toute une vie.

Mais si l'enfance laisse des traces, elle peut aussi offrir des enseignements précieux. Chaque parole bienveillante, chaque acte de courage ou de bonté peut devenir une lumière, une leçon qui éclaire le chemin de l'enfant mais aussi, plus tard, de l'adulte qui se souvient.

Alors, que faire de nos blessures anciennes ? Peut-être est-il temps d'y revenir avec un autre regard. Pardonner, demander pardon, ou simplement reconnaître les erreurs du passé. Parce que, finalement, c'est dans ces gestes que réside notre plus grande force : celle de transformer une douleur en compréhension et de transmettre des valeurs plus puissantes encore que les jugements reçus.

Le monde vous donne mille raisons de douter. Trouvez une seule raison de croire. Elle n'a pas besoin d'être grande, simplement suffisante pour aujourd'hui. C'est ainsi que commence chaque changement.

4

Coupable d'être rejetée

Après l'école primaire, il y a le collège, et… rien que ce mot est *terrifiant*. Qui n'a pas d'histoires à raconter concernant ses années de collège ?

Les premiers jours, il y a des élèves partout, je ne connais quasiment personne et tout le monde a l'air de se connaître ! Voilà qui n'est pas rassurant. Enfin, il y a quand même Luc, mon ami qui me fait toujours rire. Mais il rencontre peu à peu d'autres personnes, des garçons de notre classe.

De mon côté, je me sens encore et toujours différente, alors je suis vulnérable. Il a suffi de quelques histoires entre camarades, d'un « non » à un garçon pour que, très vite, je devienne la cible facile de toutes attaques. En classe de technologie, les élèves s'amusent à faire tomber ma trousse, à me lancer des mots grossiers, à faire la ronde autour de moi sous le préau en chantant des chansons affreuses sur moi. Ce n'est pas facile, mais ma seule amie, Meghann, me soutient. En rentrant, le soir, je fais bonne figure devant mes parents. Je me le promets. Ils ne doivent surtout pas s'en rendre compte, je les aime trop pour vouloir qu'ils s'inquiètent. Et ma sœur… est ma petite sœur, alors je ne lui en parle pas non plus.

C'est lors d'une réunion parents-professeurs que la directrice demande à ma mère un entretien. Je reste dehors et attends avec impatience son retour. Pendant ce temps, j'imagine tous les scénarios possibles : j'ai fait une bêtise, j'ai eu une mauvaise note au dernier contrôle, je vais peut-être être renvoyée…

Puis je vois ma mère descendre l'escalier à vitesse grand V. Elle finit par me dire :

— On va parler sur le chemin du retour.

Une fois dans la voiture, elle tourne la clé mais ne démarre pas. Elle pose alors ses mains sur son visage et se met à pleurer.

Je stresse, je l'interroge : qu'est-ce que j'ai fait ? Ma mère me répond :

— Pourquoi tu ne m'as rien dit ? Pourquoi est-ce que tu ne t'es pas confiée à ton père et moi ? J'ai eu honte !

Dans l'incompréhension totale, j'attends que ma mère m'explique.

— La directrice m'a dit que tu n'étais pas intégrée, que tu étais triste à l'école et que tu te faisais embêter. Que les élèves n'étaient pas faciles avec toi. Pourquoi tu ne me l'as pas dit ?

— Mais maman… Je n'en sais rien… Ce n'est pas grave en fait, tu sais !

Je ne voulais tout simplement pas que mes parents soient malheureux pour moi, et puis, pas de quoi dramatiser, en rentrant je retrouvais mes chats, ma maison et ma campagne.

La discussion avec ma mère a été brève. Je lui ai expliqué que je ne voulais pas que mes parents s'inquiètent, on a fini par rire de la situation et on s'est promis de tout se raconter à partir de ce jour-là.

Être la *safe place* de ceux qu'on aime

Avec du recul, et en étant maman aujourd'hui, je suis traversée par une peur. J'aimais tellement mes parents que je ne voulais pas les inquiéter. Alors je me suis tue. J'ai gardé pour moi ce que j'aurais dû partager.

Mais maintenant, pour ma fille Lilia, je veux autre chose. Je veux qu'elle m'aime, bien sûr, mais je veux surtout qu'elle sache qu'elle peut tout me dire. Que ma seule place sera toujours là, sans jugement, sans peur, sans conséquence.

Je repense au jour où ma mère a su. À ce poids qui s'est envolé d'un coup. À ce soulagement immense. Et aujourd'hui, je comprends enfin ce qu'elle a dû ressentir.

Alors, je vais me servir de cette histoire pour que Lilia comprenne que je serai toujours son refuge. Sa *safe place*. La personne vers qui elle pourra se tourner, quoi qu'il arrive.

Après avoir reçu de trop nombreuses remarques sur qui je suis, je rejette moi-même mes propres origines. Dès que j'aperçois une autre personne asiatique, je change de trottoir par peur du regard des autres. Du jugement. Trop peur que l'on nous voie comme une communauté.

Je me diminue toujours par rapport aux autres, comme si, automatiquement, j'avais moins de valeur qu'eux.

Peu à peu, mes relations s'apaisent au collège, je parviens à me faire accepter, je suis même invitée à un anniversaire ! Je suis heureuse. Je me demande déjà comment je vais m'habiller, je sais que je n'aurai pas de problème pour obtenir la permission de mes parents car la seule chose qu'ils souhaitent à cette époque, c'est que j'aie des amis et que je sois épanouie.

L'anniversaire est le samedi mais, le vendredi, celui qui m'a invitée vient me voir dans la cour et m'annonce que, finalement, je ne peux plus venir. Je ne comprends pas.

— Je ne suis plus invitée ?

— Non, Candice, je ne peux pas t'inviter, mais c'est pas moi, c'est ma mère… Elle ne veut pas que tu sois là.

— Mais elle ne me connaît même pas. Pourquoi elle ne veut pas ?

— Je suis désolé, tu ne peux pas venir et ça me saoule.

Comment vous dire ? La déception, le sentiment d'injustice que je ressens. Il s'est avéré que sa mère était raciste et ne voulait pas de moi chez elle. Sur le coup, je n'ai aucune colère. Mais je suis dégoûtée, dégoûtée d'être moi et d'être sans cesse rejetée par les autres.

Le soir, en rentrant, mes parents me demandent :

— Tu as bien un anniversaire ce week-end ?

— Non, non, il a été annulé finalement… Pas grave, je ne voulais pas y aller de toute façon !

À ce moment-là, je crois bien que je me concentre sur ma famille et sur l'amour que je reçois de sa part. Parce que c'est la seule certitude que j'ai : ma famille, elle, ne m'abandonnera pas.

Les peurs des autres ne nous appartiennent pas

Le rejet, l'injustice, les jugements : tout cela ne dit rien de notre valeur, mais dit tout des craintes et des limites de ceux qui nous blessent. Les peurs des autres sont le reflet de leurs propres insécurités, de leurs préjugés ou de leur ignorance. Elles n'ont rien à voir avec nous.

Ce que les autres projettent sur nous ne nous définit pas. Nous n'avons pas à porter le poids de leurs peurs, ni à en imprégner notre identité. Ancrons-nous plutôt dans ce qui compte vraiment : l'amour que nous recevons, les liens qui nous construisent, les personnes qui nous voient tels que nous sommes.

Prenez un moment pour réfléchir à votre famille de cœur : ces personnes qui vous aiment et vous soutiennent sans conditions. Listez-les ici, comme un rappel que vous n'êtes jamais seul. Qui sont-elles ? Quels mots ou gestes résonnent en vous lorsque vous pensez à elles ?

Parce que ce qui compte, ce ne sont pas ceux qui ferment des portes, mais ceux qui nous ouvrent leur cœur.

**Regardez autour de vous, maintenant.
Pensez à une personne
qui vous a offert un sourire,
une main tendue, ou un moment
de chaleur. Avez-vous pensé à lui dire
merci ? Il n'est jamais trop tard
pour le faire.**

5
Coupable d'être imparfaite

Les saisons filent et je rencontre mon tout premier amoureux. Je suis en cinquième lorsqu'il fait chavirer mon cœur. Richard. Quand j'y repense, nous étions surtout deux enfants qui essayaient d'être des adultes.

Coûte que coûte, cette relation dure plus de trois ans. Nous grandissons ensemble et découvrons l'amour dans toute sa splendeur. Ce sentiment peut prendre des formes très différentes, mais ensemble nous apprenons ce que c'est de la meilleure des façons. Nous faisons tout à deux et, à 14 ans, je crois déjà que j'ai trouvé l'amour de ma vie. Je n'ai jamais été aussi motivée pour aller au collège.

Pendant un de ces étés-là, ma famille et moi, nous partons visiter le Vietnam. C'est ma toute première fois. Un voyage de quelques semaines. J'ai l'espoir de me sentir véritablement chez moi là-bas. Je suis encore jeune, alors je ne pense pas forcément à mes origines ni à mes parents biologiques, juste à découvrir le pays aux côtés de ma famille.

Je suis fière de ce que je vois. Des habitants, des paysages, des couleurs et des odeurs. Ma tante Florence nous accompagne. Elle aussi a vécu des choses pas drôles, mais elle apporte, je crois, de la joie et de la légèreté à ce voyage qui, pour mes parents, remue beaucoup de choses. Nous faisons la rencontre de Ngoc, notre guide officiel, qui deviendra un ami et, pour moi, un frère, encore aujourd'hui et pour toujours.

On vadrouille et c'est chouette. Mais je remarque que je suis malgré tout très différente des autres filles. Je suis plus grande qu'elles, je ne suis pas habillée de la même manière et les regards sont braqués sur moi, dans le taxi, dans la rue… On me parle en vietnamien et je ne peux répondre.

Une fois rentrée, je fais le point sur ce séjour et même si je suis heureuse, je suis aussi malheureuse de ne pas m'être sentie parfaitement alignée quelque part. Une fois de plus. À croire que ma place n'est nulle part…

Je retrouve Richard, mais ce voyage m'a changée. Il pourrait y avoir mille possibilités pour notre avenir, mais nous avons tant vécu ensemble, sans rien faire séparément, que nous décidons de vivre chacun de notre côté. La rupture est difficile, mais aujourd'hui nous sommes tous les deux épanouis et fiers de nos parcours respectifs.

Après cette histoire, je comprends que c'est en en écrivant une nouvelle que je pourrai passer à autre chose « pour de bon ». Je découvre les flirts et les aventures, fougueuses comme platoniques. Cela devient rapidement une nécessité, une obsession : je ne peux rester seule. Il ne se passe pas plus de deux semaines sans que j'aie un compagnon d'aventures. Parce que me retrouver face à moi-même m'est trop difficile, je n'en suis pas capable.

Lorsque j'arrive au lycée, je me fais très vite des amis – que je fréquente et chéris encore aujourd'hui : Elsa,

Marion et Louis. C'est la belle vie malgré l'internat. Je me découvre… et je tombe amoureuse, bien sûr ! Il y a Maxence, Pierre-Jean, Jordan, Hadrien et d'autres. Tous des garçons, devenus des hommes aujourd'hui et que je salue ici parce qu'ils ont contribué à façonner la femme que je suis désormais. Chacun d'entre eux m'a apporté quelque chose à sa manière. Durant mes années de lycéenne, je découvre la popularité, les commérages de café et les déceptions amoureuses.

Je me plonge aussi dans le cinéma qui devient mon échappatoire parce qu'il me permet de vivre mille vies, d'oublier la mienne un instant et de ressentir autrement. Une véritable thérapie !

Le bac en poche, je me dirige vers des études de commerce. Premier appartement, premières soirées chez moi, vive l'indépendance ! Je me rends alors compte de l'immensité des possibilités que m'offre la vie. Je quitte mon petit copain de longue date et commence à faire passer mes amis et mes études avant tout. Mais mes vieilles habitudes me rattrapent : je fais la connaissance de Théophile.

Avec cet homme, plus âgé, je partage six mois de passion. Nous partons vivre et travailler dans les Antilles. C'est ce qu'on appelle une idylle. Cet amour est fort, puissant, et semble indestructible. Nous partageons notre goût du cinéma et faisons déjà des projets pour les dix prochaines années. Ça y est, c'est l'amour de ma vie ! Je m'accroche corps et âme à cette relation, il est si amoureux, si fou de moi. J'y crois. Je fonce. Mais cet amour-là est éphémère.

Malgré les superbes discussions nocturnes, les balades au bord de la plage et nos périples d'amoureux, j'entends un jour :

— Finalement Candice, tu ne me corresponds qu'à 80 %.

Lorsqu'il me dit cela, je me murmure : *Je ne suis pas à la hauteur.* Je déprime, je me dis que je répéterai toujours les mêmes scénarios, je tomberai amoureuse de quelqu'un d'autre qui me permettra de l'oublier puis, pour une raison ou une autre, l'un de nous abandonnera. Et je me retrouverai, une fois encore, seule. Ma vie va-t-elle donc se résumer à cela ? Aimer, vivre à la folie, me séparer, avoir mal, être déçue, puis découvrir un nouvel amour, et ainsi de suite ?

Théophile finit par m'annoncer :

— Je te bloque sur tous les réseaux, parce que même si on se sépare, je t'aime encore et je ne veux pas voir tes frasques.

Je dois rentrer en France, je lui demande de m'accompagner à l'aéroport, il refuse. Il s'achète une bouteille de rhum, l'air de dire : « Je vais me saouler aujourd'hui pour t'oublier parce que moi aussi je suis malheureux. »

Je me déteste à ce moment-là, je me sens honteuse. Je me pose plein de questions. Je fais quoi maintenant ? Faut-il que je tente de le récupérer ? Et si c'était lui, l'amour de ma vie ?

Arrivée à l'aéroport, je rêve qu'il apparaisse, me dise que tout ça n'était qu'une blague, que je peux rester auprès de lui.

Mais il ne viendra jamais.

S'en aller alors que c'est la dernière chose dont j'ai envie : le voyage du retour est difficile.

Après vingt-quatre heures de trajet, je retrouve mes parents, la tête haute.

— Je vais bien.

Je veux qu'ils en soient convaincus.

De retour à la maison, je me rends coupable à 100 % de cette séparation. Je passe une fin d'été de débauche, comme il l'avait prédit. Parce que, dans ma tête, je ne mérite pas autre chose. Alors je fais ce que je sais faire de mieux, tomber amoureuse le temps de quelques semaines afin d'oublier mes peines. À chaque déprime, c'est la même rengaine. Je tombe amoureuse toutes les dix minutes, parce que je suis dépendante affective. Il y a Maxence, Pierre-Jean, Jordan…

Des relations pansements, comme on les appelle. Leurs attentions suffisent à m'aider à cesser de me sentir comme une moins-que-rien – parce que c'est comme ça que je me perçois, à ce moment. Alors je prends tout ce qu'ils ont à m'offrir. Ce n'est pas sain, mais eux le sont. Nous avons des maux et nous les apaisons ensemble.

Septembre 2014. Je passe en deuxième année et Théophile, qui avait fait une reconversion professionnelle, est en troisième année dans la même école que moi. Le jour de la rentrée, je stresse. Je sais que je vais le revoir alors que nous ne nous sommes pas parlé depuis ce fameux jour. Mon cœur palpite, je ne peux m'empêcher de regarder toutes les deux secondes s'il arrive. Je reconnais le son de ses pneus, j'entends sa voix, alors je me retourne et je vois une fille au volant de sa voiture.

Ils s'embrassent, puis il sort et elle repart de là où ils sont arrivés.

Mon cœur se brise en mille morceaux. Toute la journée, je cogite. Je me convaincs : *C'est véritablement terminé.* Mais quelque chose cloche, je ne saisis pas tout de suite… puis je repense à cette nouvelle stagiaire arrivée dans sa boîte, quelques jours après la fin de mon stage lorsque j'étais sur l'île. C'est elle ! Je ne veux pas comprendre, je n'ai d'ailleurs jamais voulu, je ne veux même plus connaître la vérité, je comprends simplement qu'il ne m'aime plus et cela me suffit pour tourner définitivement la page. Mais est-ce qu'il m'a vraiment aimée ou l'ai-je rêvé ?

Dix ans plus tard, je suis reconnaissante d'avoir vécu cette histoire, parce que je sais aujourd'hui que je mérite bien plus qu'un homme qui m'aime à 80 %. Nous méritons tous d'être aimés à 100 %, et vous aussi. Je ne l'ai compris que plus tard, mais c'est grâce à Théophile que j'ai pris conscience de ma valeur intrinsèque en tant que femme et compris que ma place est là où je suis aimée. Je le remercie pour ça.

Et si on existait plus pour nous-mêmes ?

Nous passons tellement de temps à chercher des preuves de notre valeur dans les yeux des autres : leurs compliments, leur amour, leur validation. Mais vivre pour le regard de l'autre, c'est comme bâtir sa maison sur un sol instable.

Et si, pour une fois, vous deveniez votre allié indéfectible ? Si vous appreniez à trouver en vous ce que vous cherchez ailleurs ? Votre force, votre beauté, votre valeur n'ont pas besoin d'un miroir pour exister. Elles sont là, intactes, même lorsque personne ne les remarque.

Vous êtes la seule personne qui vous accompagnera toute votre vie. Alors aimez-vous, soutenez-vous, soyez votre refuge. Le regard des autres peut vaciller, mais le vôtre sur vous-même peut devenir immuable.

Vous n'avez pas besoin de briller pour qu'on vous voie. Vous n'avez besoin que de vous reconnaître.

S'il vous plaît, fermez ce livre un instant. Prenez une grande respiration. Laissez tomber tout ce qui vous encombre. Et si aujourd'hui, au lieu de courir, vous marchiez avec vous-même ? Prenez le temps qu'il vous faut, avancez à votre rythme.

6
Coupable d'être égoïste

C'est l'hiver, j'entre dans la vingtaine et je suis courtisée par un certain Timothé, un homme d'un mètre quatre-vingt-douze, qui a fière allure. Il est moins âgé que moi, il n'est pas réellement mon genre, mais il est éloquent. Romantique. Différent des autres. Jeune et pourtant si mature. Éclairé par la vie. L'opposé de mes ex. Donc tout pour me plaire !

Pourtant, juste avant lui, je me suis promis : PLUS JAMAIS ! Plus jamais les mêmes décisions avec les garçons !

Timothé me fait la cour de longues semaines, de longs mois. Je me trouve toutes les excuses du monde pour ne pas m'engager dans cette relation : « Je pars pour un long voyage en Asie, ce serait trop compliqué », « Je n'ai pas envie d'une relation et encore moins d'une histoire à distance », « Je ne suis pas encore prête à avoir un autre homme dans ma vie », « Est-ce qu'il me plaît tant que cela ? »…

Une voix me dit de ne rien faire car je vais bientôt partir en Asie pour une longue durée, mais tout le reste de mon moi me pousse vers lui. Je finis par craquer et, très vite, nous nous voyons chaque jour. Nous faisons tout ensemble et sommes comme deux aimants. Le printemps arrive et ce que nous vivons est fort, intense. On s'est dit : « Je t'aime », rien ne nous arrête. Puis vient le moment de mon départ pour le Vietnam. La séparation est douloureuse, mais on le savait. C'était irrémédiable et nous ne pouvons qu'accepter sans conditions.

Il serait bel et bon de vous dire que la relation a tenu sans aucun problème à distance, mais ce n'est pas le cas. Une fois que je suis arrivée dans mon pays d'origine, malgré ma volonté, mon cœur et mon esprit n'ont de place que pour le Vietnam et pour toutes les aventures et expériences que je suis sur le point de vivre. Très vite, je coupe les ponts avec Timothé, j'annule tous mes projets avec lui, je ne parle quasiment plus à mes proches en France et je m'imagine vivre à Hanoï pour toujours. J'y construis mon cocon, mon quotidien. Je travaille dans la plus grosse auberge de jeunesse, où je rencontre des expatriés tous les cent mètres. Chaque jour, ils sont plus de deux cent cinquante à y loger, venus du monde entier. Je suis *bar tender* la nuit, serveuse le jour et jeune expatriée vingt-quatre heures sur vingt-quatre. Des mois entiers de fête, de cocktails et de rencontres.

Le reste de mon temps, je le passe à découvrir le Vietnam, à visiter mon orphelinat, à faire de l'humanitaire, à échanger avec les habitants et à prendre des photos à chaque coin de rue. Je mets ma vie française entre parenthèses pour ressentir pleinement cette expérience : ma nouvelle existence. Bientôt, j'oublie tout ce que j'ai vécu par le passé et je ressens très fort que je suis chez moi ici, dans cette ville hyper-cosmopolite qu'est Hanoï. J'y ai déjà mes habitudes, un job, des amis et même un nouvel amoureux… qui n'est autre que le *big boss* de l'auberge de jeunesse, Johann. Il est hollandais et a une trentaine d'années. Ensemble, nous faisons des virées à moto et traversons les villages. Cette relation, c'est pour l'*ego*. Je me l'avoue : je n'en ai pas besoin en soi mais dans l'euphorie du moment, c'est ce que je pense vouloir. Je me dis être une femme libre, sans complexes et faisant ses propres choix. Je deviens égoïste, j'apprends à le devenir. J'oublie volontairement mon quotidien d'avant, je me construis, et je vis. Je retrouve même une de mes copines, Léa, qui est là aussi pour ses études. C'est la fiesta !

Mais ce voyage devait se terminer. Pas d'autre issue qu'un retour en France. Encore une année d'études à boucler, je n'ai pas fait ce chemin pour tout plaquer avant la fin – si ? J'ai failli ! Heureusement, mes parents me remettent sur le droit chemin, celui de la sagesse, de la sécurité, et je rentre en France. Aujourd'hui, avec du recul, je leur en suis extrêmement reconnaissante. Parce que même si les voyages sont pour moi l'école de la vie, je suis fière d'être diplômée et d'être allée au bout des choses.

Alors même que je prends conscience de ce que mes parents font pour moi depuis toutes ces années, je me rappelle un de ces soirs où eux-mêmes se sont sentis coupables à l'égard de ma sœur et moi :

— Tu te rends compte, Jean-Paul, nous avons déraciné nos filles…

— Tu as raison, mais elles ne sont pas malheureuses, si ? Je ferais tout pour elles.

Ma mère qui a tout donné culpabilisait d'avoir été égoïste. Je reste surprise de voir comment l'humain peut infiniment se compliquer la vie, parfois. Chaque jour qui passe, ma sœur et moi leur sommes reconnaissantes. Tellement reconnaissantes.

Penser à soi

Dans l'avion, on vous rappelle toujours qu'en cas de problème, vous devriez mettre votre propre masque à oxygène avant d'aider les autres. Parce qu'aimer, soutenir, construire, ça commence par soi.

Penser à soi, ce n'est pas de l'égoïsme, c'est de l'intelligence. C'est comprendre que vous ne pouvez rien offrir de vrai si vous êtes vide. Les relations heureuses ne se nourrissent pas de sacrifices, mais d'un équilibre : donner sans se perdre, recevoir sans culpabilité.

Partie II

Là où tout bascule

7
Responsable d'aimer

Revenue pour de bon à la maison, même si je veux l'éviter, je sais que je dois prendre mes responsabilités et affronter le bazar que j'ai créé à distance. Rattraper ce que j'ai manqué, tout ce que j'ai volontairement zappé. Les relations que j'ai endommagées, notamment et surtout celle avec Timothé.

C'est facile d'oublier quand nous sommes loin. Une fois de retour, ce n'est plus la même chose, la réalité de nos actes nous revient en pleine face. Son prénom, son odeur, ses bras, ses mots, soudain tout me revient. Absolument tout ! Les promesses que nous nous sommes faites, les nuits blanches à tirer des plans sur la comète… Et là ?

Et là, eh bien, plus rien ! Il n'est plus là, et c'est normal ! Comment reconstruire quand tu as tout détruit, quand tu regrettes, mais que c'est toi et uniquement toi qui as créé cette situation ?

Un soir, une semaine après mon retour, une soirée d'anniversaire est organisée où lui et moi sommes invités. Audacieuse, j'y vois l'opportunité de prendre la température et de savoir ce qu'il en est. Le stress, les frissons, tout est de mise ce soir-là. Timothé est en face de moi. Le premier regard que nous échangeons est froid, évasif, distant et totalement indifférent. Je n'abandonne pas. Je tente un second regard, dans la cuisine, je fais mine d'aller y chercher deux ou trois trucs et… ce regard-là est pur, tendre, sincère.

À la fin de la soirée, en secret, nous nous retrouvons. Comme si rien n'était arrivé. Comme si nous ne nous étions jamais séparés. C'est comme s'il avait compris. Compris que ce voyage au Vietnam, je devais le vivre et le vivre seule. Comme s'il savait qu'on se retrouverait. Cette nuit-là, on se dit tout. Tout ce qu'il s'est passé durant mon absence. Ce n'est pas forcément beau à entendre, ni d'un côté ni de l'autre, mais la vérité est posée. Deux choix s'offrent alors à nous : faire table rase du passé et recommencer une vie à deux, ou bien laisser tomber sans essayer de vivre enfin ce que nous avions mis du temps à construire ensemble.

Je crois que l'amour est plus fort que tout, il suffit de poser son *ego*. Chose difficile à faire, mais est-ce que l'amour n'en vaut pas la peine, d'après vous ?

À 3 heures du matin, notre décision est prise : nous nous remettons ensemble. Personne ne le sait et c'est très bien comme ça, nous passons de superbes moments intimes. Un soir, nous déplaçons le matelas de sa chambre sur son balcon et nous discutons toute la nuit en contemplant les étoiles, jusqu'à nous endormir et être réveillés au petit matin par les cui-cui des oiseaux à sa fenêtre. Si je pouvais, je capturerais ce moment à tout jamais.

La vie continue et des rumeurs commencent à circuler sur nous deux parmi nos amis, mais nous les ignorons et vivons simplement nos moments. Ceux-là sont probablement nos meilleurs. Ça y est, c'est pour la vie. Nous le sentons si fort.

Sur un coup de tête, nous prenons même la décision de nous rendre en Espagne une petite semaine, afin de profiter des derniers jours de vacances avant notre rentrée. Timothé continuera en fac de droit, et moi je dois faire ma dernière année dans une université à Barcelone. Nos bagages sont prêts, nous partons en voiture avec deux copains. Timothé est un peu affaibli, cerné, il semble fatigué, mais il reste le plus fort à mes yeux : tout simplement parce qu'il me montre sa force au quotidien. Je suis obnubilée par nos retrouvailles et rien ni personne ne peut gâcher notre bonheur.

Cette semaine-là, notre amour est plus intense que jamais, le monde entier est à notre portée, tout semble enfin envisageable. Même nos disputes sont pleines d'amour et de passion.

La force de remettre en cause ses propres décisions

Reconnaître qu'une décision était mauvaise demande du courage. Mais la véritable force réside dans l'humilité de revenir en arrière, de réparer ce qui peut l'être et d'affronter les conséquences de ses choix.

Remettre en question ses propres décisions n'est pas un échec. C'est un acte d'amour envers soi-même et envers les autres. Cela signifie que l'on a grandi, que l'on comprend que l'amour et les relations méritent parfois de poser notre ego de côté pour laisser place à la sincérité.

Les décisions ne sont pas gravées dans la pierre. Elles peuvent être révisées, adaptées, transformées. Ce qui compte, ce n'est pas la perfection du chemin, mais la capacité à revenir sur ses pas quand on prend conscience qu'on s'est égaré.

Aimer, c'est aussi apprendre à se pardonner, pour mieux se retrouver.

Regardez ce livre. Les mots imprimés ne changent pas, mais leur signification évolue avec vous. Vous êtes l'auteur de vos interprétations, tout comme vous êtes l'auteur de votre vie.

8
Responsable de ce qui est arrivé

Une fois que nous sommes rentrés, il nous reste quelques jours avant la reprise des cours. On réfléchit à ce que l'on pourrait faire, on est chez moi et on rêvasse. On finit par reporter nos plans et on regarde un film. *PS I Love You*, une comédie dramatique américaine dans laquelle une femme doit apprendre à vivre sans son mari décédé subitement. Si j'avais su… S'il avait su.

Timothé tousse un peu, mais c'est léger. Et puis il minimise beaucoup son état de santé : « T'inquiète, tout va bien », « C'est juste que j'ai eu froid ! », « Oh mais t'es pas ma mère ! » OK, il va bien.

Voilà comment tout a basculé.

Après que l'on est rentrés d'Espagne, Timothé continue de vivre chez moi et il a l'idée de rassembler chez moi, chez nous, les amis qui comptent le plus à ses yeux, le temps d'une soirée. Je me dis : *Super, ça nous changera des films d'amour vus et revus !*

Moi qui veux toujours bien faire, être la fille parfaite, je mise beaucoup sur ce moment car la bénédiction officielle de ses amis compte énormément pour moi. Même si nous nous connaissions déjà, c'est l'occasion de faire bonne impression. Mes intentions sont plus que sincères et je veux qu'ils se disent : Timothé est avec une fille géniale qui lui correspond en tout point, on voit qu'il est heureux avec elle.

Le soir du dîner, je crois que c'est Charly qui arrive d'abord, puis Mia et Timothé ensuite. En fait, je n'en ai plus aucun souvenir, mais ils sont tous là.

Je me rappelle que la musique est déjà lancée, le moscato, prêt à être débouché et le jeu de cartes, sur la table du salon. Filles contre garçons, on va les éclater !

— Qui a faim ?

— Moi.

— Moi !

— Ouais grave, moi aussi !

— C'est d'accord pour tous, je prépare ma spécialité : pâtes à la carbonara ?

Peu original, mais efficace, ils sont chauds ! Je me mets aux fourneaux. Rien de plus simple, une casserole remplie d'eau chaude, des spaghettis, des lardons fumés, du poivre, un œuf prêt à être cassé et du parmesan !

Timothé vient me voir, me serre contre lui, m'aide rapidement (pour se donner bonne conscience et me faire plaisir…) puis retourne s'asseoir avec nos invités.

Une musique passe en boucle : *Show Me Love* de Sam Feldt et remixée avec Kimberly Anne, elle vient de sortir et on l'adore.

— Attention, c'est un peu chaud !

Ce plat, c'est celui que je fais le plus souvent. Jeune étudiante, je ne suis pas encore une pro de la cuisine. Cinq minutes plus tard, Timothé se lève, du haut de son mètre quatre-vingt-douze, et nous dit que sa gorge le pique. À peine inquiet, il nous rassure très vite et ajoute, comme toujours :

— Ça va aller, puis conclut par un : Je vais prendre l'air, j'ai besoin de faire un tour.

— Hmm, on vient avec toi !

— Non, non, NON ! Restez là, aucun souci !

Je suis un peu anxieuse, mais sur une échelle de 1 à 10, je suis à 3/10 de l'inquiétude, clairement. Parce que c'est mon homme, il est grand, adulte et quand il me dit : « Ça va », je le crois bêtement. Mais en voyant les yeux inquiets de Mia et de Charly, je commence à me demander ce qui lui arrive. Il s'en va et nous, on arrête de manger et on se met à réfléchir. Dans le même temps, je lui envoie un SMS (nous sommes le 27 mars au moment où j'écris ces lignes, et il s'est passé presque sept ans depuis, alors je n'ai plus nos échanges, mais j'en restitue la teneur) : « Timothé, tu es sûr que ça va aller ? Tu es parti où ? »

Je reçois une réponse aussitôt, il est allé chez ses parents (à deux minutes en voiture de mon appartement). Cela m'inquiète de plus en plus : « Tu veux que je vienne ? Est-ce que je peux passer te voir ? Je suis inquiète. »

Mia et Charly s'en vont, je leur dis que je vais aller le rejoindre et que je les tiendrai au courant.

Timothé me répond que NON, qu'il ne veut pas que je le voie comme ça et que ça va aller. Il me demande ensuite ce qu'il y avait dans les pâtes carbonara.

Je commence à douter, mais dans ma tête, je me dis : *Comme d'habitude !* Puis je regarde dans la poubelle et j'y vois du fromage de brebis râpé. Je me demande alors : *Mais c'est quoi ça ?* J'indique à Timothé : « Du fromage de brebis. »

Il me répond tout de suite : « J'y suis allergique. » Immédiatement, je m'interroge sur la présence de ce fromage, moi-même, je déteste ça. Je lui réponds que je ne savais pas et que je suis désolée.

J'appelle ma mère, je lui demande de venir et de m'amener chez les parents de Timothé. Je lui précise bien que c'est urgent, que je m'inquiète. Elle arrive et me rassure tant bien que mal : s'il fait une allergie, il aura probablement une réaction cutanée ou sera tout rouge, mais cela s'estompera sans souci.

C'est étrange, à ses paroles, j'ai un mauvais pressentiment ; sans comprendre réellement pourquoi, comme si nos corps et nos cœurs étaient liés, à lui et moi. Je sens, je sais que cela n'ira pas.

Nous courons dans l'escalier de l'immeuble, on croise sa mère qui nous attend. Elle me demande quel était ce fromage. Lorsque je lui réponds, elle me dit, d'un ton paniqué :

— Candice, ça va le tuer.

Plus rien ne sera jamais comme avant

Il y a des moments où la vie bascule, sans prévenir, et où tout ce que l'on croyait immuable s'effondre. Ce jour-là, un poids s'est installé en moi, une mélancolie sourde semblant ne jamais s'éteindre. Je revis chaque détail, encore et encore, incapable de les oublier.

Ce basculement a laissé une empreinte indélébile. Ce qui était simple et lumineux s'est teinté de douleur et d'amertume. Plus rien ne sera jamais comme avant, et cette réalité me suit partout.

Pourtant, même dans l'ombre, une lueur persiste. Avec le temps, j'ai compris qu'il ne s'agit pas d'effacer la douleur, mais de l'apprivoiser, de lui laisser une place sans qu'elle envahisse tout. Ce tournant m'a changée, oui ; mais il m'a aussi rendue plus forte, plus consciente de la fragilité de chaque instant.

Peut-être que la vie ne sera plus jamais comme avant, mais elle peut encore être belle, autrement. Et dans cette reconstruction, il y a toujours une forme d'espoir. Parce que continuer, malgré tout ce qui arrive, est déjà une victoire.

9

Responsable du pire

Lorsque j'entends ces mots, prononcés de cette façon-là, mon cœur se glace.

Chez les parents de Timothé, le Samu est sur place. Il a fait un choc anaphylactique. Je n'ai jamais entendu ce terme et je ne sais pas ce qu'il signifie réellement, mais je comprends très vite : il est inconscient, allongé sur le sol du salon, et deux ambulanciers lui font des massages cardiaques. Dans ma tête, je me dis : *Arrêtez de le toucher, il va bien, laissez-le.* Je ne veux tout simplement pas y croire, je veux tellement que ça aille que je m'en persuade : *Tout va s'arranger. Il est tombé dans les pommes, il reprend son souffle, se repose, il va se réveiller et on en rira.* C'est ce que j'espère de toutes mes forces. Mais les minutes s'écoulent et rien ne se passe. Bien au contraire, elles durent une éternité. Je vois son petit frère en larmes, je veux le préserver et lui propose de descendre prendre l'air. On sort et on se met à prier en silence, comme si Dieu y pouvait quelque chose. Comme si une force surnaturelle pouvait exaucer notre vœu. Je crois que je pleure sans pleurer, parce que je ne veux pas que ça soit réel : si je pleure, c'est que le pire est arrivé.

Leur père nous rejoint. C'est brutal. Il crie :

— Ça y est, il est fichu ! C'est terminé ! Puis il me regarde et me suggère : Va le voir.

Ces trois mots, « Va le voir »… Dans mon esprit embrumé, je crois toujours que ça va. Alors je cours à toute vitesse dans l'escalier pour le rejoindre et lui apporter mon soutien. J'arrive sur les lieux, trop tard. Il n'y a plus qu'un corps et les deux ambulanciers refermant la poche mortuaire… À cet instant, je ne comprends encore strictement rien.

J'étais avec l'homme de ma vie et, vingt minutes plus tard, il n'existe plus. Pourquoi ? Comment ? Quand ? Les émotions se bousculent en moi.

L'injustice : *pourquoi* est-il mort ?

La culpabilité : je l'ai tué !

Le chagrin : je l'aime encore et pour toujours.

Le désespoir : comment vais-je pouvoir vivre sans lui ?

La colère : mais comment cela a-t-il pu arriver ?

Des regrets : je ne lui ai pas suffisamment dit que je l'aimais.

Et bien d'autres émotions se déversent en moi, mais voilà, Timothé nous a quittés. Il m'a quittée. Laissée là. Seule. Contre sa volonté, mais il n'est plus là et ne le sera plus jamais.

La nuit qui suit, ma mère souhaite rester auprès de moi. Je ne veux pas dormir ailleurs que dans le lit dans lequel je partageais ses nuits. Cela est inconcevable. Je ne veux même pas dormir, je ne le peux pas. Il n'est plus là, et pourtant je me repasse en boucle notre première rencontre comme si c'était hier. Je me rappelle chacun de ses mots, chaque expression de son visage, et puis, dès que j'ouvre les yeux, j'ai l'impression d'avoir inventé tout ce que l'on a vécu. Est-ce que c'était un rêve ?

Je somnole, et je me rappelle avoir écouté *Perfect Day* de Lou Reed. C'est le pire jour de ma vie, de loin, pourtant c'est cette chanson que j'écoute en boucle.

Le lendemain, je ne vis plus. Je respire, mais mon esprit et mon cœur se sont fait la malle, je sens que mon corps me lâche, pourtant je garde de la force pour aller visiter Timothé tous les jours à la chambre funéraire. J'en ai besoin, je ne veux pas qu'il m'abandonne pour de bon. Ce n'est pas sain, mais j'ai besoin de le voir.

Dans la pièce, le calme règne, il fait froid, ses doigts sont gelés, sa peau est tirée, il n'a aucune ride. Bien sûr, il n'avait que 19 ans. Il est beau, paisible. Sa disparition est tragique et c'est moi qui l'ai causée.

Les jours se suivent et se ressemblent. Le matin, je me lève sans avoir dormi, je sens son odeur sur mes draps, je regarde par ma fenêtre comme pour voir s'il n'arrive pas, puis je suis saisie par la pensée que cela ne se produira plus jamais, alors je vais le voir, je le regarde, je pleure, je ressors, je converse avec tous ces gens qui l'ont connu et qui l'ont aimé. Après chaque discussion, je m'accable un peu plus. Je parle ensuite avec sa mère, avec sa famille. On se remémore nos souvenirs avec lui, on se soutient, on s'enlace, puis je rentre, et je m'éteins.

Je croise les regards de pitié, de compassion, mais aussi les regards remplis de jugement.

Trois jours plus tard, une autre étape s'impose à moi. Il n'était déjà plus là depuis quelques jours, mais j'avais encore la possibilité d'aller le visiter. Aujourd'hui, je dois lui dire au revoir à tout jamais.

10

Responsable de mon enfermement

Le jour de la cérémonie, jour de son incinération, le chagrin est au rendez-vous et pourtant je pense n'avoir toujours pas conscientisé ce qu'il se passe.

Sa mère, quelques minutes avant de prendre la parole, me dit :

— Tu es belle, ça va aller !

Ses paroles me remplissent d'amour, même si mon cœur est en morceaux, elles me remplissent le temps d'un instant.

Mais lorsque vient le moment du discours, je l'entends prononcer d'autres mots :

— Il a été empoisonné.

La douleur lui fait perdre le fil de son texte. Les choses dérapent. Moi qui étais l'une des personnes les plus importantes de sa vie, je deviens celle qui l'a tué. Ses parents me lâchent, un sentiment de culpabilité me ronge. Je suis sûre de moi : je l'ai tué, je suis coupable de sa mort.

— Il a été empoisonné ! dit sa mère une seconde fois.

C'est comme un coup de poignard.

La veille, ses parents ont demandé aux miens l'emballage du fromage. Ma mère a donc fouillé dans ma poubelle, qui n'a pas bougé ces derniers jours, et elle lui a donné l'emballage. Même s'il ressemblait en tout point au parmesan que j'achète habituellement (même couleur, même marque, même packaging), ce n'était en effet pas du parmesan mais du fromage de brebis râpé. Il n'empêche que cela ne change rien au fait que je n'ai pas différencié les deux et que, même si je l'avais pu, je n'aurais pas fait le lien avec les allergies de Timothé.

La colère l'envahit, la tristesse d'avoir perdu son enfant. Je sais pertinemment que j'ai enlevé un fils à sa mère et à son père, que j'ai enlevé un grand frère, un cousin, un ami, un camarade. Tout à coup, je ne me sens plus à ma place à ces funérailles : comment ai-je pu seulement croire que j'y avais ma place ?

Une fois la cérémonie terminée, il est l'heure d'aller répandre ses cendres. Mais je sens que je ne suis plus la bienvenue. J'ai la sensation d'être un imposteur. Ma famille me ramène alors chez moi, elle ne peut pas me savoir aussi mal. Je crois que ce jour-là, je leur demande des pizzas, faisant presque comme si de rien n'était, voulant cacher mes idées noires et mon dégoût de la vie.

Je suis de moins en moins lucide. Il me reste quelques vagues souvenirs, un membre de la famille de Timothé qui vient chez moi, souhaitant récupérer ses affaires, avec l'air de dire que je ne mérite aucunement de garder quoi que ce soit lui appartenant. Alors, je lui donne tout, à contrecœur, mais je me dis : *C'est la moindre des choses, Candice, tu ne mérites rien qui lui appartenait.*

Les jours passent, certains viennent me voir, leurs mots sont ceux de personnes qui n'ont jamais été blessées dans la vie : « Tu le retrouveras un jour », « Ça ira mieux avec le temps. » Mais à ce stade, je suis juste une fille qui n'arrive pas à aller de l'avant.

C'est insoutenable, les gens reprennent leur vie, mais moi, je ne peux pas faire face. Je me rends dans une pharmacie et explique au pharmacien que je pars en voyage, que j'ai besoin de faire le plein de médicaments. Mon plan est parfait. Je convaincs ensuite mes parents que j'ai besoin de me retrouver seule, je m'enferme chez moi. Je vais enfin rejoindre Timothé là où rien ni personne ne pourra nous séparer. Nous nous l'étions promis, et je veux tenir cette promesse.

Ici, rien n'est à raconter en détail, si ce n'est que je vois aujourd'hui le suicide comme un véritable appel de détresse et non comme un geste égoïste. Parce que ce jour-là, je suis persuadée que je ne manquerai à personne. Mon père ? Il a ma mère. Ma mère ? Elle a mon père. Ma sœur ? Elle a mes parents. Parfait, et si eux se soutiennent, je suis certaine que les seules personnes qui m'aiment toujours trouveront elles aussi le réconfort.

Je veux simplement vivre ce qui m'est impossible auprès du commun des mortels : être auprès de Timothé. S'il vous plaît, laissez-moi partir.

Finalement, je me retrouve à l'hôpital et lorsque je me réveille, ma famille est à mon chevet.

Merde, je me suis ratée. Est-ce que ça veut dire que je mérite de vivre ?

Mes parents, suivant les conseils des professionnels de santé, me font entrer dans un hôpital psychiatrique parce qu'à ce moment-là j'en ai probablement besoin. Je fantasme l'idée de vivre une existence de rêve avec un homme décédé. Là-bas, entourée d'autres personnes désespérées, je fais semblant de vouloir aller mieux. Il y a des barreaux aux fenêtres, mon temps de douche est chronométré et je n'ai pas le droit au téléphone ni à rien qui pourrait nuire à mon processus de guérison. Malin ! Comme ça, impossible pour moi de tenter quoi que ce soit de risqué. Parce que oui, je suis profondément malade, en détresse totale.

Je vous aime, ma famille, pardon...

Comment vivre dans un monde dont l'être que l'on aime le plus a disparu ? Comment rendre fières les dernières personnes qui tiennent à soi quand on déteste tout, à commencer par soi-même ? Comment réapprendre à vivre quand la seule chose que l'on souhaite, c'est de ne plus exister ? Comment sourire lorsque toute son énergie est déjà déployée à retenir ses larmes ? Chaque nuit, je rêve qu'il revient. Qu'il me réveille et me dit que j'ai fait un cauchemar. J'attends ce jour comme jamais je n'ai rien attendu.

À l'hôpital, les consultations avec des psychologues, psychiatres, médecins, kinésiologues, et j'en passe, se succèdent. Ils doivent m'aider à trouver la motivation pour reprendre goût à l'existence. Mais comment aider une personne qui ne veut pas être aidée ?

Lorsque je suis seule face à moi-même, mille pensées se bousculent dans mon esprit.

— Tu l'as vraiment tué !

— Mais tu ne savais pas qu'il était allergique.

— D'un autre côté, on te l'avait peut-être dit ?

— Non ! Et puis, est-ce que tu savais qu'on pouvait mourir d'une bouchée d'un plat ?

— Pas du tout, mais tu savais qu'il était asthmatique et fragile !

— OK, mais tu ne sais même pas vraiment ce que ça signifie, et tu ne connais pas les conséquences…

— Tu aurais pu te renseigner quand même ! Peut-être que tu n'as pas été suffisamment à l'écoute, tu es égoïste et ne penses qu'à toi !

— Est-ce que cela devait se passer ainsi ?

— Le destin existe-t-il ?

— Pourquoi moi ?

— Est-ce qu'il m'aime encore ?

— Est-ce que tu l'aimes ou est-ce que tu le détestes ?

— Pourquoi tu gâches ta vie ?

— Tu as pris une vie et tu veux détruire la tienne ?

— Tu n'es qu'une fille pourrie gâtée et égoïste !

C'est fou, comme dans un moment comme celui-ci, on peut rapidement basculer de l'« autre côté ». J'ai la sensation que c'est l'histoire de ma vie : me poser des questions auxquelles je sais pertinemment que je ne peux obtenir de réponses.

Pourquoi j'ai été abandonnée ? Comment étaient mes parents ? Ai-je d'autres frères et sœurs ? Est-ce qu'ils pensent à moi ? Qui m'a déposée à l'orphelinat ?

En fait, je me dis que c'est ma destinée. Aujourd'hui il m'arrive encore de penser : *Heureusement que c'est tombé sur moi*, parce que j'avais l'environnement qu'il fallait pour être prise en charge. J'ai eu le soutien dont j'avais besoin, même si à cette époque-là, je n'en avais pas conscience.

Quel que soit le malheur qui vous arrive, il fait partie de vous

Il y a des épreuves qui brisent et reconstruisent à la fois. Des tragédies qui marquent, indélébiles, comme une cicatrice sur l'âme. Mais elles deviennent aussi une partie intégrante de qui nous sommes, de notre histoire.

Le malheur, aussi cruel soit-il, ne peut être effacé. Il s'incruste partout, il façonne, il murmure des vérités que nous aurions préféré ignorer. Pourtant, en le regardant en face, en apprenant à vivre avec, on découvre qu'il ne nous définit pas, mais qu'il nous transforme.

Ces douleurs deviennent des leçons que l'on n'aurait jamais choisies mais qui, étrangement, nous forgent. Elles révèlent une force insoupçonnée, une capacité à avancer, à trouver du sens même dans le chaos.

Ce malheur est là. C'est une partie de moi, une partie de vous. Pas pour nous emprisonner, mais pour nous rappeler que même au bord du précipice, il existe toujours une lueur. Et que cette lueur, c'est nous qui la portons.

Si vous portez un poids lourd aujourd'hui, sachez ceci : ce fardeau n'est pas permanent. Rien ne l'est. Tout passe, même le pire des chagrins. En vous se trouve déjà la force pour avancer.

11
Responsable de ma folie

La première semaine où je suis placée dans cette clinique hautement sécurisée, je suis dévastée. Je vis mon intégration dans l'établissement comme une trahison, sans penser une seule seconde que c'est moi qui viens de trahir toute ma famille en souhaitant mettre fin à mes jours.

Rapidement, je suis accueillie dans un nouvel institut, moins strict. Là-bas, il faut d'abord faire ses preuves et montrer sa volonté de s'en sortir afin d'accéder à certains avantages (droit de sortie, de visite, droit de diminuer les traitements…). Mon quotidien se résume à : prise de cachets le matin, visite du psychiatre, belote avec les autres patients, visite d'un membre de ma famille, prise de cachets, dormir.

J'ai la sensation d'avoir raté ma vie, c'est très clair à mes yeux. J'ai fait ce superbe voyage qui m'avait réconciliée avec mon pays d'origine et puis PAF, terminé. Je ne sais plus qui je suis, j'ai perdu l'être que j'aime et avec qui je partageais mon quotidien : envolé. Je n'ai plus de raison de vivre.

Pendant un moment, je me demande si je ne suis pas schizophrène, parce qu'une voix dans ma tête me dit quelque chose d'un peu différent : *Tu as des parents qui se sont battus, ils sont allés à l'autre bout du monde pour venir te chercher, ils t'ont aimée et t'aiment encore, et puis tu as une petite sœur qui compte sur toi et une formidable famille, pourquoi cela ne te suffit pas ?* Une autre voix encore me crie dans les oreilles et me dit : *Stop, quand vas-tu comprendre que tu n'en peux plus ? Mets fin à ce bazar une bonne fois pour toutes ! Tu n'es donc même pas capable de ça ?*

J'ai la sensation que jamais plus je ne serai heureuse dans ma vie, que, même si je n'ai que 20 ans, je ne pourrai pas vivre les soixante prochaines années comme si de rien n'était.

À ce moment-là, je n'ai pas de méthode, pas de plan pour aller mieux. Avoir tenté de mettre fin à ma propre vie me rendra honteuse longtemps ; c'est un fardeau, et je dois le porter au moment où je suis au plus bas.

Il m'a fallu des mois, des années, pour comprendre. Comprendre que la culpabilité peut devenir une prison. Que l'amour, même le plus fort, ne peut effacer les tragédies de la vie. Que survivre à une douleur insupportable n'est pas un choix facile, mais une bataille quotidienne.

J'ai appris que la souffrance ne disparaît pas, mais qu'elle peut s'atténuer, se transformer. J'ai appris à faire la paix avec mes démons, un à un, et à m'aimer à nouveau, même si cela m'a longtemps semblé impossible.

Je tiens à remercier, même s'ils ne le sauront peut-être jamais, ceux qui ont veillé sur moi lorsque je n'en avais plus la force. Ces mains anonymes qui m'ont retenue quand je voulais abandonner, ces voix apaisantes qui, sans me convaincre totalement, m'ont offert une chance d'y croire encore.

Ce que cette épreuve m'a enseigné, c'est que le pardon, envers les autres et envers soi-même, est le plus grand des défis, mais aussi la plus grande des libérations.

Aujourd'hui, je sais que vivre n'est pas une punition mais une seconde chance. Et même si je porte toujours des cicatrices, elles ne définissent plus qui je suis. Elles rappellent simplement que j'ai traversé l'enfer, et que malgré tout, je suis encore là.

Ça passera, je vous le promets

Quand tout s'écroule, quand la douleur est si forte qu'elle vous coupe le souffle, il est difficile de croire que les choses peuvent changer. Je le sais. Je l'ai vécu. Parfois, on touche le fond, on perd tout espoir, on pense que la vie n'a plus rien à offrir. Mais laissez-moi vous dire une chose : ça passera.

Il y a des jours où même respirer semble impossible, où chaque seconde est une lutte. Mais même dans ces moments, vous êtes encore là. Vous êtes là, même si vous avez mal, même si vous pleurez, même si vous doutez. Et cela veut dire qu'une partie de vous, même infime, même cachée, croit encore à un avenir meilleur.

Je veux que vous sachiez que la douleur ne vous détruira pas. Elle vous transformera. Elle vous rendra plus fort, plus humain. Un jour, vous regarderez en arrière et vous verrez cette période comme la preuve que vous êtes capable de survivre à l'inimaginable.

Vous n'avez pas besoin d'être parfait. Vous n'avez pas besoin de tout comprendre ou d'avoir un plan. Vous avez juste besoin de tenir. Minute après minute, heure après heure, jour après jour.

Et quand ce moment sera passé - parce qu'il passera -, vous serez une autre personne. Une personne qui aura traversé l'enfer et trouvé une nouvelle force. Je le sais, parce que je suis cette personne.

Alors ne lâchez pas. Je vous le promets : ça passera, et vous serez fier d'avoir tenu.

Posez votre main sur votre cœur. Vous le sentez battre ? Ce n'est pas un simple organe, c'est votre force intérieure, votre rappel que vous êtes vivant, malgré tout.

12
Responsable de ma rencontre

Durant mon séjour dans cette clinique, je m'ennuie. Mes amis proches et ma famille viennent à tour de rôle, mais c'est tout le temps la même chose.

— Comment te sens-tu ?

— Pourquoi, Candice ?

— Tu nous as fait peur, on t'aime si fort…

Je me sens mal, une fois de plus, de faire souffrir les gens que j'aime. J'ai honte qu'ils me voient dans un état aussi pitoyable. J'ai l'impression que jamais plus je ne pourrai être mieux que ça. Je suis à mon maximum.

Je m'inscris alors sur un site de rencontres, Tinder.

Alors *non*, je ne suis clairement pas prête à cette période pour être avec quelqu'un d'autre ; je ne veux pas réellement rencontrer une nouvelle personne ; mais cela va m'occuper.

Je regarde les profils, discute avec certains hommes. Ce sont des conversations bateau qui n'ont pas de véritable sens, mais elles ont le mérite de remplir mes journées. Au moins, le temps file.

Après des mois passés à bien me comporter, on décide pour moi que je suis apte à reprendre les cours. Mon école est à deux pas de la clinique, alors même si je dois rentrer tout de suite après les cours, je retrouve une vie sociale.

Premier jour de classe. Tous mes amis ont déjà repris depuis des semaines, les regards sont braqués sur moi. Du moins, c'est la sensation que j'ai. Je reçois beaucoup de marques d'affection, de soutien et de compassion. De la part des formateurs comme des élèves. Je sens déjà que ça va être difficile. Je n'ai qu'une envie : pleurer, mais je ne veux pas en parler avec qui que ce soit. Qui suis-je pour me permettre d'envahir leur vie avec ce qui m'est arrivé ? Cette histoire ne doit pas définir mon existence ; pourtant, sans elle je ne suis plus rien. Je me rejoue les scènes mille fois, je ne vis plus que pour me refaire le film en boucle de lui et moi, du début jusqu'à son dernier souffle…

Au fil des semaines passées à l'hôpital, je me suis rendu compte que les personnes en détresse sont toutes placées ensemble, dans les mêmes établissements. Est-ce bien, est-ce mal ? Peu importe, mais de mon point de vue, cela crée des situations complexes : je n'arrive pas à converser avec les autres parce que je me dis que leur histoire est peut-être pire que la mienne, et que je n'ai pas le droit de me plaindre… Alors on se regarde tous, on échange des futilités et c'est tout. Peut-être que c'est fait exprès ? On fait tous semblant et c'est peut-être le premier remède, le premier pas vers le mieux-vivre. À force de faire semblant, on commence à y croire pour de vrai ?

Un soir avant de m'endormir, alors que mes cachets commencent à faire effet (cocktail antidépresseurs, somnifères et anxiolytiques), je remarque sur Tinder un profil différent des autres. Les photos communiquent peu d'éléments, cet homme ne cherche pas forcément à se mettre en valeur et semble n'en avoir un peu rien à faire d'attirer des bombes. Il m'a l'air d'un homme qui a juste créé un profil pour créer un profil. Il a indiqué son pseudo Instagram dans sa bio. J'y jette un coup d'œil et… j'adore. Son compte est coloré, plein de paysages du Portugal et je trouve ses photos artistiques. À cette période-là, c'est tout nouveau : on peut envoyer des messages privés *via* Instagram. Je lui en poste donc un sans trop rien en attendre, histoire de lui dire que son compte m'a plu et que s'il a envie d'échanger, il peut me contacter sur mon numéro de téléphone portable.

Je n'espère pas grand-chose, alors j'appuie sur « Envoyer » sans crainte et m'endors paisiblement grâce à mes traitements.

Quarante-huit heures plus tard, j'ai un message de ce Daniel.

Un message joyeux, cool et ouvert à la discussion. Daniel m'explique qu'il a mis du temps à me répondre car il n'avait pas vu mon petit mot, il vient de fêter son anniversaire. Très vite, on se met à échanger beaucoup. On parle de tout, de la vie, de l'être humain, on se pose des questions existentielles, on rigole. Cela fait passer plus rapidement mes journées. Ces conversations sont comme un shoot d'adrénaline quotidien – mon café du matin à moi, mon baume au cœur, même si je ne m'en aperçois qu'en prenant du recul.

Très vite, j'arrête de discuter avec d'autres personnes sur Tinder parce que cela n'a ni queue ni tête, ce sont des paroles dans le vent et c'est très ennuyant. Les messages et les réponses de Daniel sont, eux, toujours de qualité supérieure à ce que je peux imaginer. Je suis agréablement surprise par ses idées, ses opinions et ses questions. Jusqu'au jour où il me pose la question fatidique : « Comment se fait-il que tu sois toujours célibataire ? »

Immense silence.

Que répondre ?

**Attendez une nuit pour lire la suite,
comme moi j'ai laissé passer une nuit
avant de lui répondre :)**

Le jour se lève et je ne lui ai toujours pas écrit.

Dois-je lui dire la vérité, le réel pourquoi du comment ? Ou simplement répondre quelque chose de futile et amusant ? Et puis, à quoi bon lui dire la vérité, il s'en moque probablement. Il partira en courant. Candice, est-ce que je me trompe, ou tu as peur qu'il ne te parle plus ? Absolument pas, je m'en fous, il fait ce qu'il veut. Je ne ressens rien pour cette personne que je ne connais pas et tout mon amour appartient à Timothé. Alors, dis-lui tout. Tu verras bien !

« Eh bien Daniel, pour répondre à ta question… il m'a fallu plus d'une nuit pour réfléchir à cette réponse. Je vais la jouer 100 % transparente. Je t'écris d'une clinique, j'y séjourne depuis des semaines et je suis dépressive. Il y a quelque temps… *[blabla]* Si ce message t'effraie, je le comprendrai et je n'attends pas réellement de réponse de ta part. Belle journée. »

Les heures passent. Il s'écoule un jour et demi avant que je reçoive une notification. J'ouvre le message, le cœur battant : « Oh Candice. Je ne sais que te répondre, ce que tu me dis est bouleversant et tout ce que je peux en dire pour l'instant, c'est que tu es une femme forte et que je suis navré de voir tout ce que tu as vécu. Est-ce que tu veux qu'on en parle ou bien veux-tu parler d'autre chose ? »

Son message me subjugue. Je n'attendais rien et pourtant sa réponse dépasse de loin tout ce que j'aurais pu imaginer lire.

À partir de ce moment-là, je ne peux vous dire que je reprends goût à la vie, car ce serait mentir et il m'a fallu bien des mois et des années pour en arriver à ce stade, mais au moins, à mon réveil, j'ai une lueur d'espoir. Un peu de lumière fait irruption dans ma noirceur. La conversation ne s'arrête plus. Chaque jour, nous avons des choses à nous dire. Nos échanges sont doux et parlent de la vie.

Un matin, on se dit : « Ce soir, on passe un cap ! On s'appelle ! »

Je ne cesse de penser à sa voix. Comment sera-t-elle ? Et s'il avait une voix ridicule ? Une voix criarde ? Un accent ? Puis c'est à Timothé que je pense. Est-ce le tromper que de discuter avec un autre homme ? Est-ce qu'il va m'en vouloir ? Est-ce que je vais le décevoir, lui qui me regarde de là-haut ?

— Candice, es-tu avec nous ?

Ça, c'est mon prof qui me voit rêvasser. J'essaie tant bien que mal de me ressaisir, de me concentrer sur mes cours, mais rien n'y fait. Je ne pense qu'au passé, qu'à Timothé, qu'à ce soir, qu'à mon rendez-vous téléphonique avec Daniel. Tout s'entremêle.

Il est 17 heures, c'est la fin des cours et je rentre à la clinique. Je parfume ma chambre, je l'aère, je me fais belle. Ce n'est qu'un appel téléphonique, mais je veux me mettre dans les meilleures conditions. Cela fait des semaines que je me néglige, je veux pouvoir me sentir femme. Puis je me regarde dans un miroir et soudain je ne comprends pas pourquoi je fais tout cela pour lui. Alors je me démaquille, je me plonge dans le noir et j'attends son appel.

Mon téléphone sonne. Je me racle la gorge et m'assure d'avoir une voix normale, avant de dire simplement : « Allô ? »

Même quand tout semble perdu, un rien peut tout changer

Si ma culpabilité m'avait vaincue, ces mots n'existeraient pas, et vous ne seriez pas en train de les lire. Pourtant, je suis là, et vous aussi. Ce n'est pas un hasard.

Prenez un instant. Regardez-vous. Posez-vous cette question essentielle : *que décidez-vous pour vous-même aujourd'hui ?*

Voulez-vous rester prisonnier de vos peurs, de vos blessures, de vos doutes ? Si oui, refermez ce livre. Ça arrive de ne pas se sentir prêt. Reposez-le et revenez quand vous sentirez que c'est le bon moment.

Et si vous croyez, ne serait-ce qu'un tout petit peu, qu'il est possible de transformer votre douleur en force, de vous relever, même doucement, alors continuez. Tournez la page. Avancez, un pas à la fois.

Je ne vous promets pas que ce sera facile, mais je peux vous assurer que ça en vaut la peine. Vous méritez cette chance. Prenez-la.

Partie III

Là où tout s'enchaîne

13
Apte à tomber amoureuse

Les jours et les semaines passent, et vient le moment où je me comporte suffisamment bien, où mon état d'esprit redevient assez « normal » pour qu'on m'autorise à quitter définitivement la clinique.

Le jour de ma sortie, Daniel et moi avons prévu de nous retrouver pour le week-end. Autant dire que j'ai hésité longuement avant de consentir à l'idée que l'on se rencontre. Mais je n'ai rien à perdre.

« Maman, Papa, ne vous en faites pas, ça va aller. Je sais que la dernière fois que je vous ai dit de ne pas vous en faire, j'ai merdé. Mais là, c'est différent. Croyez en moi s'il vous plaît, encore une fois. »

Que peuvent-ils faire d'autre ? En leur écrivant ces mots, je me rends compte à quel point avoir des enfants est loin d'être un long fleuve tranquille.

Je reçois un message de Daniel : « Je suis déjà dans le covoiturage, j'arrive dans une petite heure ! »

Je me rappelle qu'en le lisant, je prends soudain conscience de ce que j'ai fait. De ce qui va arriver. J'héberge chez moi un nouvel homme. Qui n'est pas

Timothé. Je ne sais pas réellement qui il est, mais j'ai été d'accord pour le rencontrer et vivre avec lui pendant deux jours. Et si c'était un fou ? Et s'il n'était pas qui il prétend et voulait me kidnapper ?

Je me détends. Je verrai bien. Je tends à suivre mon instinct.

Daniel : « Je suis là dans dix minutes, la voiture me dépose devant un kiosque, dans le grand parc de Rodez. J'espère que ça te parle ?! J'ai 1 % de batterie… »

Parfait, c'est juste à côté de chez moi.

Il fait presque nuit, nous réussissons à nous retrouver. Nous nous faisons une bise, nos regards sont fuyants. Une fois arrivés dans le salon, nous sommes gênés, mais il prend les commandes. Pour me remercier de mon hospitalité, il ne fait pas comme tout le monde : pas de fleurs ni de chocolats, non, il m'offre un livre sur la psychologie humaine. À la page 21 – nous nous sommes parlé pour la première fois un 21 octobre –, il a glissé un magnifique dessin de moi qu'il a fait au crayon à papier. C'est sublime, je suis sans voix et je ne peux m'empêcher de me dire : *Quelle originalité !*

Ce week-end est génialissime. Je crois qu'une partie de moi espérait en secret qu'il tourne au désastre. Ce serait bien plus simple pour moi : aucun encombrement, je pourrais retourner à ma vie pourrie et culpabiliser un peu moins d'avoir de nouveau « rencontré quelqu'un ». Mais non, c'est super. Nous allons au musée Soulages, puis au cinéma voir le film *Marguerite*, et je me réconcilie même avec les pâtes à la carbonara. Tout est parfait. Mais toutes les bonnes choses ont une fin, non ?

Le week-end s'achève, il est l'heure de se quitter. Ni l'un ni l'autre n'en avons envie. Alors trois jours plus tard, il revient à bord d'un nouveau covoiturage pour quelques jours ! Puis s'en va à nouveau, revient encore et très vite, fait ses valises, quitte sa ville et toute sa vie pour s'installer avec moi. Il devient Ruthénois.

Les semaines passent, les mois passent et je ne suis pas stable du tout. Je suis fragile, ce n'est pas évident, mais Daniel a beaucoup de courage, de volonté, il voit en moi la Candice du futur, alors il s'accroche.

Un jour, il décide de me présenter à sa famille. Nous sommes en voiture, il y a deux heures de route et j'ai l'impression qu'elles durent une éternité. C'est long. Je stresse. Je me rappelle la chanson *Lily*, que nous chantions à la fête de l'école : « Mais la belle-famille lui dit : "Nous ne sommes pas racistes pour deux sous, mais on ne veut pas de ça chez nous." » Je ne peux m'empêcher d'imaginer le pire : et si les parents de Daniel et ses frères ne m'aiment pas ? Si quelque chose chez moi les dérange ? Que ferai-je ?

Mais lorsque nous arrivons, à la seconde où ils me laissent entrer chez eux, toutes mes craintes s'envolent. Ils font tout pour me mettre à l'aise et, je m'en souviens encore, je pleure intérieurement de joie, même si les larmes ne coulent pas.

Lucia, Armindo, Manuel et Adrien, merci.

Ouvrir son cœur à l'amour

Ouvrir son cœur à l'amour, c'est comme respirer après une longue apnée. C'est oublier que l'on risque la douleur pour s'offrir la chance d'une guérison que l'on n'attendait plus.

Aimer à nouveau, après les épreuves, ce n'est pas oublier. C'est accepter que le passé fait partie de vous, mais qu'il ne définit pas votre avenir. C'est reconnaître que même un cœur marqué peut battre plus fort, plus vrai, lorsqu'il s'autorise à aimer encore.

L'amour demande du courage. Celui de croire en l'autre, mais aussi de croire en soi. Et parfois, le simple acte de s'ouvrir peut illuminer des lieux en nous que l'on pensait éteints pour toujours.

Ouvrir son cœur à l'amour, c'est élire la vie, avec ses incertitudes et ses beautés. Et c'est un choix qui, à chaque fois, quoi qu'il arrive, vaudra toujours la peine.

14
Apte à la rechute

Toujours au cours de cette année 2016, j'arrête mes études. Je n'y arrive plus et je veux vivre mon idylle romantique et discrète à 200 %. Pendant plusieurs semaines, nous discutons, rêvassons, visitons, chantons, simplement. La vie est douce, même si, durant les premiers mois, il m'arrive au moins une fois par jour de faire une rechute, de déprimer, de pleurer et de vivre des crises d'angoisse. Daniel est patient, il me laisse avancer à mon rythme.

Je n'assume pas d'être déjà dans une nouvelle relation – ni auprès des autres, ni en moi-même. Jusqu'au jour où cela commence à se savoir. Je finis par laisser couler. Nous enchaînons les petits boulots, histoire de vivre sans trop dépendre de nos parents. Serveuse, vendeuse pour moi ; vendeur, puis plaquiste, ébéniste pour lui… Nous savons que c'est pour un temps, même si cela fait déjà plusieurs mois que nous vivons ainsi. Cela nous convient. Daniel me soigne, me répare.

Je m'en veux de tomber amoureuse de lui, vis-à-vis de Timothé. Une petite voix me dit sans cesse : « Tu ne peux pas, tu en aimes un autre. » Cette voix reste en moi presque deux ans. Mais Daniel s'arme de patience et, avec le temps, je m'éprends de lui. Il est toujours là et a tout quitté pour s'installer à Rodez, pour me soutenir et m'épauler. Il voit en moi quelque chose que j'ai apparemment oublié. Il sait que je suis capable. Il le sent.

Un jour, durant cette première année de ma rencontre avec Daniel, ma mère reçoit une lettre recommandée. C'est un courrier indiquant que je suis convoquée au commissariat pour un témoignage. Les parents de Timothé portent plainte contre X pour homicide involontaire. « Contre X », mais nous savons tous que c'est pleinement dirigé contre moi.

On veut tant bien que mal se préparer à ce genre de chose, mais certaines situations ne peuvent pas être anticipées. Elles nous tombent dessus et nous contraignent à réagir.

À 8 heures le jour de la convocation, ma mère et Daniel me déposent devant le commissariat. Me serrent fort contre eux, me chuchotant qu'ils vont penser à moi tout le long.

Je franchis la porte, je décline mon identité et une femme vient vers moi. C'est la commissaire.

— Vous avez le droit de garder le silence. Si vous renoncez à ce droit, tout ce que vous direz pourra être et sera utilisé contre vous devant une cour de justice. Vous avez le droit à un avocat et d'avoir un avocat présent lors de l'interrogatoire. Si vous n'en avez pas les moyens, un avocat vous sera fourni gratuitement. Durant chaque interrogatoire, vous pourrez décider à n'importe quel moment d'exercer ces droits, de ne répondre à aucune question ou de ne faire aucune déposition. Nous vous autorisons à passer un coup de fil et à contacter un avocat maintenant.

En entendant ces mots, je me décompose. Mon cœur bat la chamade, je me sens déboussolée. Moi qui pensais venir pour un simple témoignage, je suis prise de court. Les seules fois où j'ai entendu cela, c'est dans les films où le méchant va en prison. N'ayant pas l'habitude de ce genre de procédures, je suis effrayée, je demande qui je dois appeler. On me répond : « Vous êtes libre de choisir. »

Je téléphone donc à ma mère qui s'effondre :

— Quoi ? Ce n'est pas possible ! Tu ne peux pas rester là-bas toute seule, je viens avec toi !

— Non maman, tu ne peux pas. Nous n'en avons pas le droit. Ne m'attendez pas, cela peut durer des heures ou plus et je n'ai aucune visibilité. Ça va aller, rentrez à la maison. Est-ce que tu peux contacter l'avocate, s'il te plaît ?

Trente minutes plus tard, cette dernière arrive. Elle me prend à part, nous sommes dans une toute petite pièce assez lugubre, et elle m'explique comment les choses vont se passer. Je suis dans tous mes états, mais je tente de faire bonne figure.

— C'est bon Candice, tu tiens le coup, on y va ?

— Hum, d'accord allons-y. Je n'ai pas vraiment le choix…

J'arrive dans une salle, face à une commissaire, ou peut-être deux, je n'en ai plus un souvenir très clair. Les questions sont toutes à charge : elles m'accusent. Je dois à nouveau tout raconter. De ma rencontre avec lui jusqu'au dernier jour de sa vie. C'est un enfer ! Moi qui pensais avoir passé un petit cap, je dois me plonger à nouveau dans mon ancienne existence.

— Qui était Timothé pour vous ?
— Comment vous êtes-vous rencontrés ?
— Comment est-il décédé ?
— Pourquoi avoir mis ce fromage dans votre plat ?
— Quand est-ce qu'il vous a parlé de ses allergies ?
— Quand avez-vous acheté ce fromage ?
— Pourquoi ce jour-là ?
— Vous étiez-vous disputés ?
— Est-ce que vous étiez en colère après lui ?

Lâcher prise

Il y a des combats qu'on ne peut pas gagner, et c'est terrifiant. Mais lâcher prise, ce n'est pas renoncer. C'est accepter que le passé ne peut être changé, que certaines choses échappent à notre contrôle.

Vous n'êtes pas défini par ce qu'on vous reproche, par vos erreurs ou par vos peurs. Vous êtes défini par ce que vous faites pour avancer, malgré tout.

Alors relevez-vous. Pas pour prouver quoi que ce soit aux autres, mais pour vous-même. Vous méritez de continuer.

15
Apte à être trahie

À chaque question, une hache s'enfonce dans mon corps. Mes larmes ne cessent de couler, je suis hors service et pourtant, dans le même temps, je me dis : *Ne pleure pas ! Ils vont croire que tu fais du cinéma pour te faire plaindre !* Mes larmes sont bouillantes, elles dégoulinent à flots sur mon visage et je me retrouve avec des flaques sur les bras. Mon avocate me regarde avec gentillesse, tente de me rassurer et de me faire reprendre mon souffle. Mais malgré toutes ses bonnes intentions, à ce moment-là, je veux juste mourir.

Le pire, dans tout ça, c'est que j'apprends que d'autres personnes ont témoigné. Je n'ai pas accès aux comptes rendus d'interrogatoires, mais on me pose des questions à la suite de ceux-ci :

— Julia s'est dite étonnée que vous ne le sachiez pas. Qu'en pensez-vous ?

— Charly a raconté que Timothé était avec vous lors de la préparation du repas, est-ce vrai ?

— Mia, elle, savait pour ses allergies. Elle n'avait pas conscience de la gravité des conséquences, mais elle savait. Pourquoi pas vous ?

— Une personne nous a aussi confié que Timothé vous trompait. Il avait apparemment une aventure avec une fille de sa faculté. Le saviez-vous ?

— Apparemment, Timothé et Julia s'étaient également rapprochés durant votre absence. Avez-vous quelque chose à dire à ce sujet ?

Toutes ces questions me mettent plus bas que terre. Ils citent le nom de ma meilleure amie, supposent que Timothé me trompait, son amie insinue que j'étais au courant de ses allergies…

Je suis dépassée au point qu'à cet instant précis, je me suis vue leur répondre quelque chose comme : « Accusez-moi je n'en ai plus rien à faire. » Mais les mots ne sont pas sortis. À la place je me suis juste effondrée, et j'ai continué à répondre à leurs interrogations comme une bonne petite élève. Après tout, ils ne font que leur métier, me suis-je dit.

Lors de la pause déjeuner des policiers, je me retrouve enfermée dans une petite cage, sur une pierre froide avec une couverture verte miteuse. Cet endroit sent l'alcool. Je vois passer du monde, je ne sais pas ce qui est le plus difficile : les gendarmes qui me regardent avec pitié ou ceux qui ne veulent même pas me voir.

Une fois le déjeuner terminé, ils m'interrogent à nouveau. Mon avocate a d'autres rendez-vous, alors je termine seule. Je continue de répondre aux questions, de donner ma version de l'histoire, je m'effondre encore une fois.

Il est 20 heures passé, je sors enfin. Douze heures, c'est très court dans une vie, mais dans ces conditions, c'est une éternité. Ce soir-là, mon père nous emmène tous au restaurant, on parle peu. L'objectif est de manger un bon repas et de se décharger émotionnellement. Je sais pertinemment que, lorsque ma mère me regarde, elle pense à ce qui vient de m'arriver et se sent coupable. Ce livre que j'écris, je l'écris aussi pour elle. Parce que je sais qu'elle s'est longtemps sentie responsable de mon mal-être, persuadée qu'avec des « si » la concernant, je n'aurais pas vécu cette suite d'événements malheureux. Alors maman, toi qui me lis, je veux te dire que tu n'y es pour rien. Vous n'y avez jamais été pour quoi que ce soit, ni toi ni papa. Et je vous aime.

Le soir, nous rentrons. Daniel est proche de moi. Il m'enlace et me dit que tout va bien se passer. Je veux croire en ces mots et garder espoir.

J'ai peur, je me remémore mes anciennes relations amoureuses, mes déceptions, et je repense à Timothé. Je me demande si cela arrive aussi aux autres, d'aimer une personne plus qu'eux-mêmes. Mais je comprends que, si je me protège de tous les mauvais côtés d'une relation, je rate aussi les bons. Alors je l'aime, ça y est.

Cette nuit-là, et beaucoup d'autres ensuite, je m'endors en ne pensant qu'à une chose : connaissais-je réellement Timothé ? M'aimait-il vraiment ? Quelle est la part de vrai dans tout ce faux ? Ou est-ce tout ce que j'ai vécu qui était faux ? Surtout, est-ce que cela vaut la peine de me torturer le cerveau ? C'est quand même avec moi qu'il passait les trois quarts de son temps, qu'il passait ses nuits ! Candice, décide-toi, est-ce que tu crois les autres ou est-ce que tu crois en toi et en lui ?

Je veux croire en nous.

Encore une fois, bien des questions resteront sans réponses, mais mon Xanax m'endort sans heurts et les bras de Daniel sont réconfortants.

Fermez les yeux et souvenez-vous de la dernière fois que vous avez vraiment ri, sans retenue. Rappelez-vous ce moment, accrochez-vous à lui. Il est votre preuve que le bonheur est possible, même dans les tempêtes.

16
Apte à pardonner

Il est difficile de se pardonner et de pardonner aux autres. Mais lorsque notre intention est d'aller de l'avant, pardonner devient plus simple.

Notre vie est faite d'une succession de décisions. Le jour de ma naissance, je suppose que mes parents biologiques ont *décidé* de ne pas me garder. Ils ont probablement leurs raisons, je ne leur en ai jamais voulu – ou rarement. Je leur pardonne parce que je ne sais pas ce qu'ils ont vécu, parce que je ne peux pas me mettre à leur place et, surtout, parce que je ne veux pas vivre en ressassant de la colère contre ceux qui m'ont donné la vie.

Les personnes qui m'ont trahie, qui m'ont rejetée et qui m'ont dit : « Rentre chez toi », celles qui ne m'ont pas respectée : je leur pardonne aussi. Non pas pour elles, mais pour moi. Parce qu'elles ne méritent pas ma rancœur, parce que je mérite de ne pas y prêter attention.

Timothé, à tout juste 19 ans, était un adulte. Il aurait pu me regarder droit dans les yeux, m'exposer son état de santé et m'alerter sur la gravité de ses allergies. Je lui pardonne, parce que dans sa situation, j'aurais probablement voulu profiter, tout comme lui, ne pas vivre ma vie comme une personne constamment malade. Pourtant, si vous saviez combien je l'ai détesté. Détesté non pas pour ce qu'il était, bien sûr, mais pour ce qu'il n'a pas fait. Détesté pour son silence, détesté de ne pas m'avoir permis de conscientiser sa situation. Je l'ai haï, parce que j'ai cru pendant un temps que ma vie serait détruite à tout jamais par son absence. Je l'ai supplié, en regardant le ciel, de reprendre sa place et de revenir sur Terre. J'ai cherché son approbation, j'ai attendu un signe, j'ai cru au miracle, j'ai espéré un retournement de situation, mais rien n'est arrivé. Le jour de sa disparition, je me suis accablée, culpabilisée, je n'avais besoin de personne pour le faire. Je me suis moi-même rendue responsable et le criais sur tous les toits. Je ne m'en suis jamais cachée. Les faits sont là : j'ai cuisiné, servi un plat, il a mangé une bouchée et il est décédé. Cela s'est bien passé dans ma cuisine, avec la nourriture de mon frigo, et c'est moi qui avais préparé ce plat. Chaque jour de ma vie, il me faudra vivre avec cela.

J'ai rêvé de pouvoir discuter avec Dieu ou avec un astre, afin d'échanger ma place contre celle de Timothé. Je me suis dégoûtée lorsque je me regardais, à faire semblant d'aller mieux alors que mon seul souhait était de le rejoindre. Je m'en suis voulu d'avoir désiré mettre fin à mes jours alors que j'avais pris une vie. J'ai eu encore plus de mal à me supporter lorsque j'ai appris que mes parents et ma sœur avaient donné un brutal coup d'arrêt à leur existence depuis cet événement. J'ai aussi eu un sentiment de colère envers toutes ces personnes qui se sont prétendues être amis avec Timothé, ou amis avec moi, rien que pour pouvoir approcher au plus près du scandale. J'en ai même voulu à mes parents de m'avoir fait revenir du Vietnam : « Si je n'étais pas revenue, il ne serait pas décédé ! Je ne l'aurais pas tué. » C'est ce que je me disais.

J'aurais aussi pu en vouloir à sa famille à lui, de m'avoir abandonnée, de m'avoir accablée, humiliée. Mais je ne peux pas savoir ce que cela fait que de perdre un fils, un frère, un cousin. Je finis donc par endosser toute la responsabilité de toute la situation.

Cela ne peut être la faute de mes parents biologiques, qui ne pouvaient prédire ce qui allait m'arriver. Ça ne peut être non plus celle des personnes qui m'ont rejetée, parce qu'elles m'ont toutes fait devenir la femme que je suis aujourd'hui. Cela peut encore moins être la faute de Timothé, cet ange que j'ai eu la chance de connaître, voulant simplement vivre dans l'insouciance quelques instants. Ce n'est pas non plus la faute de sa famille, nul ne peut juger une situation sans l'avoir vécue. Et cela ne peut surtout pas être la faute de mes parents, eux qui ont donné leur vie pour moi, probablement les seuls qui m'ont véritablement aimée sans jamais compter dès notre premier regard.

Alors oui, c'est ma faute. Tout ce qui m'arrive est arrivé à cause de moi. Et je me dis : Qu'ai-je fait pour mériter ça ? Pourquoi la vie s'acharne contre moi ? Comment suis-je censée vivre après tout ça ?

Alors c'est simple. Je me suis pardonné. Pour être en paix.

Je me pardonne

Se pardonner est l'acte le plus difficile mais aussi le plus libérateur que l'on puisse s'offrir. Se pardonner, c'est reconnaître que nous sommes humains, faillibles, et que nous portons parfois des fardeaux qui ne sont pas entièrement les nôtres.

Alors je me suis pardonné. Pardonné de ne pas avoir tout compris. Pardonné d'avoir haï, d'avoir aimé trop fort, ou pas assez. Pardonné de ne pas avoir vu, de ne pas avoir su, de ne pas avoir été parfaite.

Le pardon ne change pas le passé, mais il ouvre la porte à un futur plus léger. Ce n'est pas une faiblesse, c'est une force : celle d'accepter qui nous sommes et ce que nous avons vécu, pour avancer enfin.

Et vous ? À qui souhaitez-vous pardonner ? À vous-même, ou à quelqu'un d'autre ?

Prenez un moment. Sur une feuille, écrivez une chose pour laquelle vous souhaitez accorder votre pardon - que ce soit à vous-même ou à une autre personne. Lisez, relisez ces mots, laissez-les vivre en vous et vous parcourir, doucement. Le pardon n'est pas un effacement : c'est une clé pour mieux sentir, et pour aller de l'avant.

Parce que vous le méritez. Et parce qu'eux aussi, peut-être.

17
Apte à rebondir

Les jours passent, les mois défilent et de nouvelles galères apparaissent, mais je reste optimiste. Daniel est à mes côtés et, ne serait-ce que pour lui, la vie vaut la peine d'être vécue. J'en suis intimement convaincue, ça y est !

L'année qui suit, la vie suit son cours. Mon avocate m'appelle et m'annonce que j'ai « gagné » le procès. La justice a parfois une image bien curieuse de la réussite : comment puis-je avoir gagné quoi que ce soit dans cette épreuve de ma vie ?

C'est cette année-là que j'avorte. Je fais un déni de grossesse et j'ai deux semaines pour me décider : « On le garde ou pas ? » Pour ou contre avoir un enfant, ce n'est pas la question alors : moi dépressive, encore amoureuse de mon ex-petit ami, en couple certes, mais sans emploi fixe, avec toujours de lourds traitements médicamenteux… Je ne peux concevoir d'élever un enfant dans ces conditions.

Je décide donc de passer par le bloc opératoire.

Dans le même temps, je reprends mes études. Ce n'est pas hyper-excitant de s'y remettre, mais ma classe est sympa. Les formateurs se souviennent de moi et l'ambiance est agréable. Je tente aussi de passer mon permis, que j'obtiens enfin après la sixième tentative…

Nous déménageons à Albi, dans un appartement trois fois trop grand pour nous, magnifique – mais nous n'avons pas de quoi le meubler. Alors nous nous y ennuyons très vite et nous revenons vite nous installer à Rodez, après avoir eu le coup de cœur pour un petit appartement cosy en plein centre-ville.

Je continue de croiser mon ancienne belle-famille, mais je me fais petite. Je me cache même fréquemment derrière un poteau, un buisson ou bien un angle d'immeuble afin de ne pas être vue.

Durant cette période, mes parents et ma sœur sont très présents pour moi, mes amis aussi. J'ai l'entourage qui me correspond, le tri se fait petit à petit et je n'ai bientôt plus que des amis qui m'aiment pour celle que je suis, et non pour ce que j'ai. Parce que c'est quand vous n'avez plus rien à partager, plus rien à donner, que vous prenez conscience de quelles sont les personnes pour qui vous comptez vraiment.

J'adopte un chat, Léon. Il est mon compagnon, ma bouée de sauvetage, mon coussin câlin et celui qui panse mes maux.

Je découvre aussi le pays de cœur de Daniel, celui de ses origines. Nous visitons le Portugal, je fais la rencontre de toute sa famille. Pour un peu, je commencerais à croire que ma vie redevient progressivement paisible.

Mon oncle Jean-Marc, qui est mon parrain et le médecin de la famille, qui a toujours agi comme un second père pour moi, m'annonce que je peux arrêter mes traitements. Je sais que j'ai encore du chemin à faire, mais je sens que ça va aller pour le mieux. Après tant de temps, je progresse enfin.

Jusqu'au jour où mes parents reçoivent une nouvelle lettre recommandée. « Ils font appel, ma chérie. L'enquête rouvre, Candice… » Et là ? C'est la douche froide. Mes parents voient cela comme de l'acharnement, et moi je me dis : *Tu ne t'en sortiras jamais*. Nos échanges SMS ont été versés au dossier. Ils espèrent probablement y trouver des informations qui pourraient me porter préjudice, ou au moins tenter de prouver que je connaissais son allergie.

Je n'en pense rien, je veux simplement tenir le coup, je ne pense pas à moi mais plutôt à mes parents et à ma sœur, à mes proches, à ceux qui m'ont tout donné ces deux dernières années dans l'espoir que je guérisse. Cette fois, je me vois pendue au bout d'une corde et eux tous, les seules personnes qui m'aiment, en train de pleurer. Je sais, c'est moche, mais c'est la première image qui me vient à l'esprit à cet instant : je suis à deux doigts de me mettre en colère, mais ce sont finalement la tristesse et la nostalgie qui me gagnent.

Cette fois, je passe devant la juge. Je dois encore tout raconter. Expliquer les choses de A à Z, confirmer ou contredire les propos des autres témoignages. Avant mon rendez-vous, j'ai eu accès à toutes les déclarations. Un droit de lecture accordé uniquement lorsque l'enquête rouvre.

J'y découvre des horreurs. Heureusement, certains sont tellement incohérents et dénués de sens qu'ils desservent l'enquête. Mais la trahison atteint son paroxysme.

J'ai fini par comprendre qu'il est inconcevable pour un parent d'accepter que son enfant ait pu être négligent face à sa maladie, d'accepter son insouciance. À la fin de mon entrevue avec la juge, elle me déclare : « Il est possible que vous soyez confrontée aux parents. Il est possible que vous soyez condamnée pour homicide involontaire. Dans ce cas, la famille recevra de l'argent en compensation et vous, vous irez en prison. À suivre. »

Un an plus tard, je vois peu à peu le bout du tunnel. Je ne prends plus de traitement, je suis stable et je vais de l'avant. Pourtant, cette année-là je perds encore une fois tous mes repères. Les deux chats de mon enfance, Lady et Luna, meurent. Puis je perds mes deux grands-pères, et on diagnostique à ma grand-mère une maladie d'Alzheimer. À croire que je n'ai pas suffisamment souffert. Je ne peux m'empêcher de me demander : *Pourquoi encore ?*

Jusqu'au jour où je comprends que mon enfance se termine ; que je dois embrasser mon passé et grandir. Toutes ces séparations me font du mal, mais elles me donnent aussi encore plus de force et de courage. Cela me rend nostalgique, mais je me sens aussi chanceuse d'avoir vécu auprès de ces personnes qui sont désormais parties.

Les petites voix intérieures

Ces voix dans votre tête, vous les connaissez. Elles murmurent, crient parfois : « Tu ne t'en sortiras jamais », « À quoi bon essayer ? », « Tu n'es pas assez fort. » Elles sont sournoises, tenaces, et elles vous font douter de tout, même de vous-même.

Mais ces voix ne sont pas des vérités. Ce sont des échos de peur, de fatigue, de douleur. Elles n'ont de pouvoir que celui que vous leur donnez.

Quelles sont vos petites voix ?

Prenez un moment. Nommez-les, écrivez-les. Ensuite, répondez-leur. Avec douceur ou avec fermeté, comme vous parleriez à un ami. Dites-leur qu'elles n'ont pas le dernier mot.

Parce que c'est vous qui choisissez. Pas elles.

S'il vous plaît, fermez ce livre.
Sortez, allez voir les personnes
que vous aimez, enlacez-les. Ne perdez
pas de temps, parce que demain,
il se peut qu'un être cher à vos yeux
ait disparu à votre réveil. Mon livre, lui,
sera toujours avec vous.

Partie IV

Là où tout prend vie

18

Capable de mieux pour moi-même

Il est temps pour moi de tourner la page, de laisser mon passé là où il est. Pas pour l'oublier, mais pour m'offrir une chance de construire autre chose. Peut-être que je ne me le dois pas à moi-même, mais je le dois à ceux qui m'aiment, à ceux qui ont toujours été là, malgré tout.

Les nouvelles tombent enfin : l'enquête est classée sans suite. Je ressens comme une absence d'émotion, un vide, puis je range cette information dans un coin de ma tête. Ce n'est plus l'essentiel. Je veux me concentrer sur ce qui est encore debout dans ma vie, sur ce que je peux reconstruire.

Je commence par trouver un travail stable. Je tiens un salon de thé et une chocolaterie aux côtés de François et Françoise. Ce lieu devient mon refuge, une deuxième maison. Mais au bout de deux années, ils décident de tirer leur révérence et de vendre l'affaire. Je ne me sens pas prête à prendre une telle responsabilité. J'emprunte alors une autre direction : les ressources humaines dans le BTP.

À ce moment-là, tout semble aligné : un CDI en poche, un amoureux attentionné, une famille et des amis formidables, un appartement douillet et un chat affectueux. Tout ce que l'on pourrait associer à l'idée d'une « vie réussie ».

Pourtant, très vite, une lassitude s'installe. Une vie moyenne. Une vie tiède. Je déclare haut et fort : « Marre ! » Je veux autre chose. Je veux mieux. Daniel partage mes interrogations et, ensemble, nous décidons d'explorer les horizons d'une reconversion.

Un soir, autour de quelques parties de PlayStation avec notre ami Brice, il évoque un métier nouveau, un métier qui semble taillé pour moi : travailler depuis chez soi, aider des gens dans le besoin, et être justement récompensée. Intriguée, je commence à m'informer sur le *closing*.

Je tombe sur une vidéo. L'homme interviewé est captivant, inspirant. Il s'exprime avec passion et clarté. Ce métier me parle, je veux en savoir plus. Je veux comprendre en profondeur, aller au-delà des apparences.

Je décide de le contacter. Il accepte de me coacher pendant trois mois, mais le coût de cet accompagnement dépasse de loin mes moyens. Deux options se présentent à moi. Dire : « Je ne peux pas » ou me demander : « Comment puis-je rendre cela possible ? »

Persuadée que c'est l'opportunité que j'attendais, je me tourne vers mes parents. Il me faut quatre heures pour les convaincre, mais leur foi en moi l'emporte. Ils décident de m'aider, et je leur promets de leur rembourser chaque centime. Ils misent sur moi, et pour la première fois depuis longtemps, je décide de miser sur moi-même aussi.

Ces trois mois sont intenses. Je jongle entre mon emploi de salariée, mes formations et les entraînements de *closing* chaque soir. Ce n'est pas de tout repos, mais j'y mets toute mon énergie. Je ne peux pas échouer. Pas après tout ce que mes parents et moi-même avons investi.

Et puis, quelque chose change. Ce coaching va bien au-delà d'un simple apprentissage technique. Il m'éveille. Il me secoue. Il me sort du sommeil profond dans lequel je m'étais réfugiée depuis trop longtemps. Chaque étape me rapproche un peu de la femme que je veux devenir.

Je ne vais pas décrire en détail ce métier, car si vous êtes curieux, vous trouverez les réponses par vous-même. Ce que je veux partager avec vous, c'est ce qu'il m'apporte, profondément.

Ce travail m'a offert bien plus qu'une simple reconversion : il m'a permis de redécouvrir qui je suis. Chaque conversation que j'ai, chaque personne que j'accompagne m'apprend quelque chose sur moi-même. J'écoute, je comprends, je soutiens et, quelque part, je guéris aussi.

Mon quotidien autrefois rempli de doutes a désormais un but clair : contribuer à quelque chose de plus grand que moi. Ce métier m'a réconciliée avec l'idée que je pouvais apporter de la valeur, aider les autres à croire en eux, autant que j'apprends chaque jour à croire en moi.

C'est une expérience qui pousse à aller au-delà de ses limites, à sortir de sa zone de confort et à embrasser ce que la vie a encore à offrir. Cela m'a donné un nouveau souffle, une nouvelle énergie, et surtout une nouvelle vision de ce que je peux accomplir.

Pour la première fois depuis longtemps, je ressens une paix intérieure. Ce travail, c'est ma façon d'aligner ce que je fais avec qui je suis. Rien que pour cela, je ne remercierai jamais assez la vie de m'avoir menée jusqu'ici.

Découvrez ce qui peut vous révéler

Et si vous essayiez ?

Pas pour changer de vie du jour au lendemain, mais pour vous offrir la chance de découvrir quelque chose qui vous anime vraiment. Un job, un loisir, une passion... Peu importe. Ce qui compte, c'est ce sentiment de connexion, de vivre quelque chose qui vous ressemble.

Posez-vous une simple question : « Qu'est-ce qui pourrait me donner envie de me lever chaque matin ? »

Il n'est jamais trop tard pour explorer de nouveaux horizons, pour tenter quelque chose de différent.

Si vous êtes déjà de ceux qui se lèvent chaque jour avec le sourire et l'envie de tout donner, bravo. Savourez cette chance et inspirez les autres à croire qu'eux aussi peuvent y parvenir.

Rappelez-vous : même un petit geste peut ouvrir une grande porte. Alors, laissez de côté vos doutes, osez rêver un peu plus grand et lancez-vous. Ce que vous découvrirez pourrait bien changer tout le reste.

19
Capable d'entreprendre

Nous sommes en avril 2020 et avec mon coach, tout roule. Chaque mois, nous repoussons nos limites, portés par une envie commune : aider plus de femmes à se choisir. Leur redonner confiance est une mission qui nous passionne et, très vite, ce qui n'était qu'une collaboration devient une amitié sincère et solide.

Dans cette dynamique, je fais la rencontre de Yoann, un autre entrepreneur ambitieux. L'aventure est extraordinaire. J'accompagne des élèves dans leur reconversion professionnelle et découvre une nouvelle facette de moi-même. Yoann et moi devenons inséparables. Il me confie toutes sortes de missions et m'accorde une confiance totale. À ses côtés, je me sens utile, valorisée, comme si j'occupais enfin une place qui a du sens. Donner de mon énergie et de mon temps pour aider d'autres personnes à se réaliser me remplit d'un bonheur que je n'aurais jamais imaginé.

Pendant ce temps, Daniel me soutient sans relâche. Lui aussi ressent ce besoin d'explorer de nouveaux horizons. Il démissionne et commence à s'intéresser au *closing*. Ce nouvel univers l'enthousiasme, et je le vois s'épanouir comme jamais.

De mon côté, je crée une communauté en ligne, un groupe privé sur lequel je partage mes anecdotes, mes réussites et les enseignements que j'en ai tirés. C'est un espace de partage et d'inspiration, un endroit où chaque histoire peut devenir une leçon.

L'été, nous passons un cap audacieux : nous déménageons à Gozo, une petite île proche de Malte. Ce cadre idyllique nous offre une pause bienvenue. Nous y retrouvons des amis, prenons le temps de nous ressourcer, tout en continuant de bâtir nos projets. Nous avons aussi un rêve en tête : celui de concevoir notre premier enfant.

Les choses s'accélèrent. Mon activité explose, mes résultats dépassent mes espérances et j'organise même un accompagnement pour aider d'autres personnes à se reconvertir ou à exceller dans le *closing*. Je rencontre des individus extraordinaires, j'investis en moi-même et je continue à avancer, bien que mon passé ne soit jamais loin. Chacune de mes journées commence par un instant de gratitude pour le chemin parcouru.

Notre vie sur l'île est douce et pleine de petits plaisirs. Les soirées apéro dans notre bar préféré, les explorations des recoins secrets de Gozo, les rires avec nos amis. Notre maison est spacieuse, lumineuse, avec une piscine qui nous invite à la détente. Daniel, lui, se lance pleinement dans le *closing* et ses résultats parlent d'eux-mêmes. Tout semble parfait.

Pourtant, au fond de moi, une petite voix persiste. Elle me souffle que je n'ai pas atteint mon plein potentiel.

Chrisas, un ami que j'ai mentoré, devient un soutien précieux. Son talent pour structurer et automatiser les projets m'aide à déléguer et à me recentrer sur l'essentiel.

Puis, en septembre, l'euphorie frappe à notre porte : je suis enceinte. Cette nouvelle bouleverse tout. Daniel et moi dansons comme des enfants. La grossesse se déroule à merveille, et en tant qu'entrepreneure, je peux ajuster mon rythme pour vivre cette période en toute sérénité.

Mais le Covid refait surface, et l'île de Gozo pourrait bientôt se refermer sur ses habitants. Une question cruciale se pose alors : dois-je accoucher ici, loin de ma famille, ou rentrer en France pour être entourée des miens ? Les nausées, les hormones, le mal du pays… Tout cela pèse dans la balance. La décision est prise : nous rentrons.

En janvier 2021, nous sommes de retour en Aveyron. L'accueil chaleureux de nos proches est réconfortant. La marraine et le parrain sont choisis : Marianne et Vincent, deux personnes précieuses dans nos vies. Être de nouveau entourée par ma famille rend cette période encore plus spéciale.

Pourtant, la grossesse n'est pas sans défis. Lors d'une échographie, on nous annonce que notre bébé s'est retourné et qu'il est en position de siège. Nous avons peu de temps pour décider : césarienne, tentative de version ou accouchement par voie naturelle malgré les risques ? Après avoir pesé chaque option, nous choisissons ce qui nous semble le plus sûr : une césarienne. La sécurité de notre enfant et la mienne passent avant tout.

À chaque étape de cette aventure, je prends conscience que la vie est faite de décisions. Certaines sont simples, d'autres, déchirantes, mais toutes nous construisent. Et à cet instant, je ressens une gratitude immense pour tout ce que cette vie, avec ses hauts et ses bas, continue de m'apprendre.

Être adulte : faire des choix

Être adulte, c'est savoir faire des choix, même quand ils sont difficiles. C'est avoir la force de décider de ce qui est juste, même lorsque l'incertitude plane. Chaque décision est une prise de responsabilité : pour soi, pour les autres, pour l'avenir. Choisir, c'est accepter les conséquences de ses actes avec courage et sagesse. Ce n'est pas toujours facile, mais c'est ainsi que l'on grandit. Parfois, cela signifie faire des sacrifices, prendre des risques ou sortir de sa zone de confort. Mais finalement, c'est dans ces moments que l'on forge sa véritable identité et que l'on prend le contrôle de sa vie. Choisir, c'est se donner le pouvoir de façonner son destin.

**Si vous ne savez pas par où commencer, commencez ici : buvez un verre d'eau, respirez profondément, souriez même si vous n'en avez pas envie.
Ce sont de petites choses, mais elles comptent.**

20

Capable d'être maman

Le dernier mois avant l'arrivée du bébé est difficile ! Apparemment, j'écrase la tête de mon enfant, et lui, il m'écarte les côtes. C'est douloureux, je ne dors plus. J'hésite entre : « Je veux qu'il sorte, vite ! » et : « Pitié, je ne veux surtout pas » ; j'ai peur de lui faire mal, peur de l'accouchement. Mais chaque jour qui passe, j'ai aussi peur de l'empêcher de respirer, peur qu'il meure dans mon ventre. Et si cela arrivait ? Que ferais-je ? Puis je me dis que si j'y pense trop fort, ça risque de se produire, alors j'essaie de faire taire mes pensées.

Le 5 juin matin, je sens quelque chose d'étrange. Notre bébé est prêt à sortir ! Il a probablement senti ma douleur, j'ai senti la sienne et nos deux âmes ont décidé qu'il était temps qu'on se rencontre pour de bon.

— Daniel, je me sens bizarre. Je crois qu'il faut aller aux urgences, le bébé ne va pas tarder…

Le sac de maternité en main, les clés en poche, la voiture garée en bas, Daniel gère, je suis épatée : nous partons. Une fois aux urgences, nous avons la confirmation : notre bébé arrive.

— Madame Peyrac, monsieur De Oliveira, ça va se passer aujourd'hui : dans quelques heures, votre bébé sera auprès de vous ! Nous procéderons à une césarienne. Nous vous amènerons au bloc opératoire, Candice, et vous, Daniel, vous pourrez la rejoindre une fois que nous aurons tout préparé et stérilisé.

Waouh, waouh, waouh.

On me dit que je n'ai quasiment plus de liquide amniotique, il faut donc agir rapidement.

Nous sommes sans voix, très émus, un peu stressés, mais heureux de la tournure que prend cette journée. Nous allons rencontrer notre enfant aujourd'hui, c'est fou !

C'est incroyable, à quel point je me sens puissante. Comme si rien ne pouvait m'atteindre. Je suis sur le point d'avoir mon bébé dans les bras.

J'arrive au bloc. Il y a une foule de monde dans la pièce, et toutes ces personnes sont là pour moi. Elles sont professionnelles et font cela tous les jours, alors tout va bien se passer. Daniel me rejoint, on me conseille de me concentrer sur son regard, ce que je fais aussitôt. Je me plonge dans ses yeux colorés. Ça y est, l'équipe se met au travail ! On me dit que dans dix minutes au plus, notre bébé sera avec nous. Je tiens le coup, je ne ressens pas la douleur. Je sens en revanche des choses dans mon ventre, des mains qui tirent vers le bas, c'est étrange, dérangeant, mais tout va très vite. L'instant d'après, j'éprouve comme un vide en moi. Je me sens mal, comme si j'avais perdu une partie de moi-même. Puis j'entends des cris, des pleurs. Ma fille est là ! Face à moi, dans les mains de la sage-femme.

Je n'arrive pas à y croire ! Ce petit être, c'est mon bébé ? Elle est bel et bien vivante, et on me dit qu'elle va très bien. Je n'en reviens pas ! Je ne peux décrire mes émotions tant elles sont nombreuses, mais je me sens plus moi-même que jamais, vivante, investie d'une mission, la mission de ma vie. Prête à tout pour l'accomplir. J'ai voulu ma fille, et désormais, elle est là. Alors c'est ça, la vie ? Quand on se bat, que l'on tombe, mais que l'on se relève, que l'on continue d'y croire et d'avancer, il peut arriver ça dans la vie ? C'est incroyable.

Ma fille naît donc le 5 juin 2021 à 17 h 03. Elle pèse 2,9 kg et mesure 46 cm. Une petite crevette. Elle a le teint hâlé, des mains minuscules, des yeux bridés et la bouche de son père. Elle fait ma fierté, et je n'arrive toujours pas à croire que ce bébé magnifique est sorti intact de mon ventre. Durant les premiers jours, je ne peux la porter, ni la changer, ni lui donner son bain, il faut que je me repose ; alors Daniel crée un véritable lien avec elle. J'en suis infiniment heureuse, je les regarde et je les aime. Plus fort que tout.

Notre fille s'appelle Lilia et moi, JE SUIS MAMAN.

Vous vous souvenez de *Lily* de Pierre Perret ? À la fin de la chanson, il dit : « Mais dans ton combat quotidien, tu connaîtras un type bien, et l'enfant qui naîtra un jour aura la couleur de l'amour contre laquelle on ne peut rien. » Encore aujourd'hui, dans les rues, j'entends des personnes dire : « *Konichiwa* » sur mon passage ou : « Regarde la Chinoise » et plein d'autres choses. Alors je repense à cette chanson et cela me donne de la force. Ma fille ne sera pas épargnée, mais aucun enfant ne l'est. Ils sont tous différents et seront tous d'une certaine manière montrés du doigt un jour ou l'autre. Lilia aura la force nécessaire et surtout le discernement pour être fière de ses origines, dès le début ! Contrairement à moi, qui ai mis tant de temps.

Je veux que ma fille puisse grandir en sachant que la vie, c'est décider, qu'il n'y a pas de bons ou de mauvais moments, mais uniquement des décisions à prendre. Je souhaite qu'elle soit libre de faire ce qui lui plaît et de toujours croire en elle, parce que c'est cela qui lui permettra de vivre sa vie comme elle l'entend. Son père et moi serons toujours fiers d'elle.

Ma fille est un véritable rayon de soleil, et chaque jour à ses côtés est une source infinie de joie et de tendresse. Nous vivons avec sérénité, savourant les instants simples tout en poursuivant nos projets avec la même énergie et la même détermination. Ensemble, nous continuons de relever des défis et d'atteindre des sommets.

Nous sommes entourés de personnes extraordinaires. Marion, Benjamin et Elsa restent nos piliers à Rodez, des amis sur qui nous savons pouvoir compter à chaque instant. Durant ces années d'entrepreneuriat, j'ai également la chance de rencontrer Dorian et Delphine, venus tout droit du Mexique, ainsi que Killian et Zoé, que nous voyons aussi souvent que possible. Alix, Simon et tant d'autres illuminent également nos vies.

Ces amitiés sont tout sauf éphémères : elles sont des promesses. Nous savons, au fond de nous, que dans dix, trente, voire cinquante ans, ces liens resteront solides.

Nous serons là pour eux tout comme ils le seront pour nous. À vous tous, merci d'être là, merci d'être vous. Je vous embrasse, avec toute ma gratitude.

Le plus beau rôle de ma vie

Être parent, ce n'est pas seulement accueillir un enfant, c'est découvrir en soi une force que l'on ne soupçonnait pas. C'est devenir la racine d'un arbre qui grandira, s'épanouira et fera face aux tempêtes.

Votre mission n'est pas d'être parfait. C'est d'aimer, de guider, d'apprendre et de transmettre. De montrer qu'il est possible de tomber, de se relever, de choisir, et de croire.

Peu importent les doutes, les peurs ou les imperfections, ce qui compte, c'est que cet enfant sache qu'il est aimé. Alors, que vous soyez parent depuis longtemps, que vous vous apprêtiez à le devenir, ou que ce soit encore un rêve pour vous, rappelez-vous que chaque instant est une victoire. Une preuve que l'amour, contre lequel on ne peut rien, transforme tout.

Chaque fin est un nouveau départ déguisé. Ce que vous percevez comme un échec est peut-être juste une leçon en construction.
Ne jugez pas votre chapitre avant de lire la suite de votre livre.

21
Capable de décider

Très vite, mon travail porte ses fruits et je ressens un véritable enthousiasme face à cette réussite. Chaque projet m'apporte son lot de défis et d'accomplissements. Mais cette effervescence s'accompagne d'une intensité difficile à gérer. Mes journées commencent à 5 heures du matin et se terminent bien après minuit. Peu à peu, je m'isole et je sacrifie des moments précieux avec mes proches.

Je tente de me rassurer en me disant : « Je le fais pour mon avenir », « Je le fais pour construire quelque chose de durable. » Mais malgré ces pensées apaisantes, un malaise persiste. Mon moteur n'est pas une quête de carrière – je n'ai jamais été animée par ce type de désirs, mon moteur, c'est le sens, pas l'ambition. Et à ce rythme, je sens que je m'éloigne de ce qui me nourrit vraiment. Je suis à la limite de l'épuisement.

Déterminée à retrouver un équilibre, je décide de m'ouvrir à d'autres horizons, à d'autres façons de penser, et je réfléchis à structurer ma vie. À la fin de l'été 2021, j'intègre un *mastermind*, un cercle restreint d'entrepreneurs qui partagent un même désir de croissance, un même besoin de se dépasser et de s'entraider. C'est bien plus qu'un simple groupe de réflexion ou de réseautage. Chacun y vient avec ses forces, ses faiblesses, ses idées, et reçoit en retour le soutien collectif pour avancer. C'est un espace d'échanges enrichissants, de partages authentiques et de collaborations bienveillantes.

Cette expérience me transforme profondément. Lors de ma première présentation devant une trentaine d'entrepreneurs, je partage avec eux mon parcours, mes ambitions, mes défis. À cet instant, je me rends compte du chemin parcouru, de la force que j'ai mobilisée pour en arriver là. Ce n'est pas une question de performance : c'est une révélation. Une fierté sincère, teintée de gratitude pour tout ce que j'ai traversé.

Mais ce *mastermind* m'offre bien plus qu'un regard neuf sur mon parcours. Il me permet de nouer des relations profondes, des connexions qui m'aident à redéfinir ma manière de travailler et de vivre. J'apprends à allier ambition et sérénité, à accorder plus de place à ce qui compte réellement. Cette aventure me mène également à collaborer étroitement avec l'un des fondateurs du groupe, au sein duquel je prends bientôt le rôle de directrice des ventes. Cette expérience renforce ma conviction : l'épanouissement ne réside pas dans l'accumulation ou dans les chiffres mais dans la qualité des liens que nous tissons et dans l'authenticité avec laquelle nous avançons.

Aujourd'hui, ce que j'ai appris au sein de ce cercle continue de m'accompagner : se dépasser ne signifie pas se perdre. Cela signifie être plus aligné avec soi-même et avec les autres, en ayant le courage de faire des choix qui résonnent profondément avec qui nous sommes.

La vie d'entrepreneur est une aventure aux possibilités infinies, riche en rencontres inattendues et en expériences qui changent la donne. Quand je rentre de Marseille après un séminaire exceptionnel, je ressens une immense fierté d'avoir partagé ces moments avec des personnes aussi inspirantes. Ces opportunités, ces discussions, ces projets me rappellent à quel point ma vie a changé. Si j'étais restée dans mon ancienne routine, je n'aurais jamais croisé ces destins, ni découvert cette vision élargie de ce que l'existence peut offrir.

Ma carrière, si on peut l'appeler ainsi, connaît un véritable essor. Les propositions affluent et pourtant, je les décline. Pourquoi ? Parce que j'ai compris. Ces entrepreneurs qui semblent vivre leur meilleure vie, je les ai rencontrés, et j'ai découvert que je pouvais faire de même ; mais aujourd'hui, ce n'est plus ce que je veux.

Il m'a fallu du temps pour l'admettre, mais ce que je recherche désormais, c'est la stabilité. Si j'avais plusieurs vies à ma disposition, j'en consacrerais une entière à me plonger dans ces projets fascinants, à aider chaque entrepreneur à bâtir ses rêves, à explorer ce que le monde du business peut offrir. Mais dans cette vie, ma vie, ce qui m'épanouit le plus, c'est de m'imaginer chez moi, enroulée dans un plaid, ma fille blottie contre moi. Je sais que je pourrais tout entreprendre ; mais pourquoi vouloir tout quand ce que j'ai déjà me remplit de bonheur ?

Je décide de lever le pied. Certes, je reste active et parfois un peu débordée, mais je priorise. Je prends le temps qu'il faut pour ma fille, pour ma vie de famille.

Je deviens une « mam-entrepreneuse ». Et malgré les doutes que j'ai pu avoir, malgré les injonctions des autres, je sais que ce choix est le bon.

Combien de fois ai-je entendu : « Tu verras, un enfant, ça change la vie ! Fini les nuits, fini les sorties, fini les moments de calme » ; « Tu devras arrêter l'entrepreneuriat, parce que tu ne pourras pas tout gérer. Ta fille aura besoin de toi à 100 %. » Je les ai crus, un instant. J'ai cru qu'il fallait choisir entre ma vie de famille et ma vie professionnelle. Mais j'ai finalement compris une chose : ma fille a besoin d'une maman épanouie. Pas parfaite, pas omniprésente. Mais alignée. Alors, j'organise, je délègue, je fais confiance.

Et ça marche. Daniel et moi formons une équipe, un duo soudé. Nous nous soutenons, nous partageons les responsabilités, nous trouvons notre propre équilibre.

Lilia est le fruit de nos rêves, et rien de ce qui nous avait été prédit ne s'est réalisé comme imaginé. Nous gérons.

« Mais Candice, elle ne pleure donc jamais ? » ; « Comment faites-vous pour être aussi en forme ? » ; « Tu as déjà repris le travail ?! »

Nous trouvons notre rythme. Les semaines passent et je me sens enfin alignée, à l'aise dans tous les aspects de ma vie.

Pourtant, malgré cette apparence d'équilibre, une petite voix en moi me souffle qu'il est temps de prendre du recul. Vous savez, ce murmure discret mais persistant qui vous rappelle que, même si tout semble parfait, quelque chose en vous aspire à ralentir. Moins de rendez-vous, moins de pression. Non par obligation, mais par un profond désir de savourer des instants précieux avec ma fille, de vivre pleinement ces moments qui comptent vraiment.

Elle me rappelle que l'essentiel n'est pas d'être parfaite, mais d'être en harmonie avec ce qui me fait du bien. Parce que c'est en m'autorisant à vivre pleinement que je pourrai lui offrir le plus beau : une mère qui s'épanouit, et qui l'aime avec tout ce qu'elle est.

Trouver son équilibre : savoir où se trouve vraiment le bonheur

La vie nous offre mille directions, mais le vrai défi, c'est de savoir laquelle est la nôtre. Trouver l'équilibre, ce n'est pas tout avoir ni tout faire. C'est trouver ce qui résonne avec votre cœur, ce qui vous apaise et vous élève à la fois.

Posez-vous ces questions :

• où êtes-vous le plus vous-même ?

• quels moments vous donnent cette sensation de plénitude ?

Prenez un instant, respirez. Notez trois choses ou lieux qui vous permettent de vous sentir aligné avec vous-même. Ce n'est peut-être pas l'endroit où vous vous trouvez aujourd'hui, mais éventuellement une destination à viser.

N'oubliez pas : ce qui importe, ce n'est pas d'être partout, mais d'être pleinement là où vous êtes heureux.

22
Capable de créer

« Candice, tu devrais écrire un livre ! Ta vie pourrait être un film. »

C'est une phrase que j'ai entendue à de nombreuses reprises ces dernières années. À chaque fois, je souriais poliment, pensant que c'était une formule pour faire plaisir. Et même si, au fond, cette idée m'intriguait, je la balayais aussitôt : « Écrire un livre ? Moi ? Mais pourquoi ? Qui le lirait ? »

Et puis un jour, tout a changé.

Depuis que je suis maman, ma perception de la vie a évolué. Je ressens une sérénité nouvelle, une forme de sagesse. Les colères, les rancunes, les regrets ? Ils se sont estompés, laissant place à un amour immense pour ce que je suis devenue. J'ai compris une chose essentielle : si je veux transmettre à ma fille des valeurs fortes – s'aimer, s'écouter, prendre des décisions en accord avec soi-même –, je dois commencer par les incarner pleinement.

L'envie de partager mon histoire est alors devenue une évidence.

Un événement inattendu m'a permis de faire ce pas. Une période d'immobilité imposée, où j'ai dû rester alitée après une intervention : j'ai décidé de saisir cette opportunité comme un signe. Je me suis donné dix jours. Dix jours pour me lancer, pour ouvrir mon ordinateur, pour tout poser.

Les mots ont jailli comme un torrent. J'écrivais tard le soir, tôt le matin, m'interrompant seulement pour reprendre mon souffle.

Je ne cherchais pas à construire un chef-d'œuvre, mais à être vraie. Je me suis livrée sans retenue, sans me soucier de la structure ou de la chronologie. C'était brut, sincère, cathartique. Écrire m'a permis de revivre mes souvenirs, de les apprivoiser et de les transformer.

Mais très vite, les doutes se sont installés. *Ce que j'écris a-t-il du sens ? Qui voudra lire ça ?* Je manquais d'organisation, avançant par vagues intenses, puis arrêtant tout pendant des jours. Et c'est là qu'un coup de chance, ou peut-être du destin, a frappé à ma porte.

Un jour, je suis contactée par des personnes qui accompagnent des auteurs dans leur parcours. Leur méthode propose un cadre, une structure, un soutien. Sans hésiter, j'investis en moi et je rejoins leur programme.

Encadrée et guidée, je reprends confiance. Lorsqu'ils lisent mes premières pages et me disent : « Ton histoire est incroyable », ces mots résonnent profondément. Ils me donnent l'élan nécessaire pour avancer, encore et encore.

Petit à petit, mon livre prend forme. Je comprends que la perfection n'existe pas. Ce qui compte, ce n'est pas d'être parfaite, mais honnête, sincère, et de proposer un récit qui vient du cœur. Je veux que mes lecteurs trouvent dans ces lignes une part d'eux-mêmes, qu'ils y puisent une inspiration, une étincelle.

Aujourd'hui, je ressens une immense gratitude. Gratitude pour la vie qui m'a menée jusqu'ici, pour ma famille qui m'a soutenue, pour ma fille qui m'a offert une nouvelle vision de l'existence.

Et lorsque j'imagine l'avenir, je laisse mes rêves s'exprimer :

- *scénario de rêve 1 :* mon livre inspire des milliers de personnes ;
- *scénario de rêve 2 :* ma fille, plus tard, me regarde et dit : « Maman, je suis fière de toi » ;
- *scénario de rêve 3 :* je suis en paix, ayant transformé mes blessures en force et mes doutes en confiance.

En 2022, je poursuis mes projets avec enthousiasme : publier ce livre, être une mère et une compagne épanouie, accompagner ceux qui, comme moi, ont décidé d'oser.

Parce qu'écrire ce texte n'était pas seulement une étape : c'était une déclaration. Une affirmation que tout est possible, même lorsque l'on commence dans l'incertitude. Une affirmation que le passé ne nous définit pas, mais nous forge.

Et si mes mots peuvent faire naître cette conviction chez vous, cela donnera du sens à chaque ligne que j'ai pu écrire.

En avril 2022, ma plume s'est arrêtée, clôturant cette première partie de mon histoire. Mais depuis, trois années se sont écoulées, et la vie, fidèle à elle-même, m'a offert son lot de rebondissements. Alors, laissez-moi, en quelques pages, vous raconter ce qu'il s'est passé depuis, et où j'en suis aujourd'hui, à cet instant précis où j'écris ces lignes pour vous.

Trois années, c'est long et court à la fois. Suffisant pour que la vie prenne des tournants inattendus, pour que des certitudes vacillent, et que de nouveaux chapitres s'ouvrent. Ces trois années ont été une aventure riche en émotions, en défis, en joies et en questionnements profonds. La vie ne se contente jamais de suivre un chemin droit, elle nous bouscule, nous remet en question, nous pousse à grandir.

Lilia reste mon ancre, ma lumière. Elle grandit et, avec elle, je découvre chaque jour un peu plus sur moi-même. Chaque éclat de rire, chaque « maman, je t'aime », chaque moment partagé avec elle est un cadeau. Mon véritable objectif de vie a toujours été là : transmettre mes valeurs, mes apprentissages, lui montrer qu'elle pourra être qui elle veut, faire ce qu'elle veut, et qu'elle sera capable de tout. Je souhaite qu'elle sache qu'elle n'est jamais seule dans son voyage. Je serai là, toujours, pour qu'elle puisse vivre sa meilleure vie.

Daniel et moi avons vécu un mariage extraordinaire. Un week-end hors du temps, où chaque détail reflétait l'amour que nous portons à ceux qui nous entourent. Nous avons fait les choses en grand, entourés des personnes que nous aimons. Certes, il manquait certains de nos êtres chers, mais nous savions qu'ils pensaient à nous, où qu'ils soient. Ce jour restera gravé dans nos cœurs, un moment de pure magie.

Mais la vie n'est jamais linéaire. Elle nous réserve des surprises, des défis, des pertes. En avril 2024, j'ai perdu ma grand-mère paternelle, et ces adieux ont été une épreuve. J'ai aussi traversé des moments de douleur, notamment à travers des fausses couches, discrètes mais bouleversantes. J'ai passé le cap des trente ans en pensant naïvement que cela ne changerait rien, et cela m'a poussée à remettre en question beaucoup de choses : mes responsabilités professionnelles, ma vie de couple, mon envie dévorante de voyager, de redécouvrir le monde, de m'explorer moi-même.

Ces questionnements m'ont amenée à faire des choix difficiles. L'amour n'est jamais une route toute tracée, il nous façonne, nous échappe, nous bouleverse parfois, avant de nous révéler à nous-mêmes. On pense avoir trouvé son chemin, puis la vie, dans son infinie subtilité, nous invite à en emprunter un autre, non pour renier ce qui a été, mais parce qu'il est temps d'avancer autrement. J'ai suivi cet appel, portée par ce qui résonnait en moi, sans savoir de quoi demain serait fait. Certains liens ne disparaissent jamais, ils se transforment, trouvent une nouvelle place en nous, tout en continuant d'exister d'une autre manière. Peut-être que certains chemins se recroiseront un jour, peut-être que d'autres s'effaceront doucement dans le temps. Mais une chose est certaine : la vie sait toujours nous mener là où nous devons être. Et parfois, sans l'avoir cherché, elle nous souffle une évidence, celle qui nous rappelle que le cœur, lui, sait toujours où il doit aller.

Ces trois années ont aussi été marquées par de nombreuses réussites. Plus de 40 000 exemplaires de mon livre ont été vendus. Je suis touchée au-delà des mots par l'effet qu'il a eu. Des séances de dédicaces, des articles dans les journaux, des podcasts, des messages de lecteurs. C'est fou. Tout cela, c'est grâce à vous. Merci infiniment.

Aujourd'hui, je suis en quête d'un équilibre qui me ressemble, d'une vie qui m'épanouisse pleinement tout en honorant mes responsabilités. Ma fille est mon univers, ma plus grande fierté, mais pour lui ouvrir toutes les portes du monde, je dois moi-même continuer à grandir, à rêver, à oser. Parce que c'est en vivant ma vérité que je pourrai lui transmettre la sienne. Alors, je marche sur ce fil délicat entre l'amour pour elle et l'amour pour moi, convaincue que l'un nourrit l'autre. À l'heure où j'écris ces lignes, l'avenir reste une aventure à inventer. Qui sait où il me mènera ? Peut-être là où je ne l'attendais pas.

Imaginez votre vie comme un film.
À ce moment précis, vous êtes
le personnage principal
face à l'obstacle. Comment voulez-vous
que cette scène se termine ?
Écrivez votre propre fin.

Aparté

Il s’est écoulé trois ans. Trois ans pour que la vie me secoue, me transforme, m’apprenne à tomber autrement et à me relever encore. Trois ans depuis le dernier mot posé dans ce livre, ce premier cri, cette première délivrance que vous avez tenue entre vos mains. Ce premier livre m’a permis de déposer un poids que je ne savais plus porter, mais il n’a pas tout dénoué. Certains nœuds ne se défont pas d’un seul geste. Ils exigent du temps, de la patience, et parfois l’acceptation du fait qu’ils resteront là, discrets mais persistants. Je pensais avoir tout dit, comme si le souffle m’avait manqué pour aller plus loin. Mais ce n’était pas une fin. Ce n’était qu’un commencement.

Cette suite, je ne l’écris pas pour remuer le passé. Je l’écris pour témoigner du mouvement. Parce que la vie, après un premier saut dans l’inconnu, ne s’arrête pas. Elle continue de nous pousser, parfois de nous bousculer, souvent de nous surprendre. Et c’est ce mouvement que je veux partager avec vous. Pas pour vous raconter que tout s’est résolu, mais pour vous montrer que tout a changé. Pas pour prétendre que j’ai trouvé toutes les réponses, mais pour vous offrir celles que j'ai osé regarder en face.

Avant de vous laisser plonger dans cette suite, il faut que je vous dise : ce n'est pas une conclusion. Ce n'est pas un livre qui se referme, mais une invitation à redécouvrir chaque page. Parce que la vie ne se divise pas en chapitres bien délimités : ils s'entrelacent, se superposent, se transforment. J'ai fait un choix. Celui de vivre, malgré tout. Celui d'aimer, même avec des doutes. Celui de continuer à écrire, même quand les mots semblaient me manquer.

Ce que je vous livre ici, ce sont des fragments. Fragments d'une vie qui avance, une vie où j'ai appris à composer avec mes ombres, à accueillir mes contradictions, et à chercher la lumière, encore et toujours

Installez-vous. Cette suite est autant pour vous que pour moi. Elle est le début d'une autre lumière.

Partie V

Coupable d'aimer trop fort

23

Là où tout recommence

Revenir à soi n'est pas une fin, mais une ouverture. Une fissure dans l'armure qu'on s'impose, une invitation à se regarder pour de vrai, sans détour, sans artifice.

Quand j'ai écrit mon premier livre, je croyais déposer un fardeau. Je pensais que chaque mot posé sur la page m'allégerait. Mais les mots ne font pas disparaître le poids. Ils lui donnent juste une forme, une texture, un contour que l'on peut enfin toucher, apprivoiser. Ce que j'ai appris, c'est que ce n'est pas le poids qu'il faut combattre. C'est la peur de le porter.

Aujourd'hui, j'écris différemment. Non pas pour crier, mais pour témoigner. Non pas pour chercher des réponses, mais pour explorer des questions. Revenir à soi, c'est se poser la plus difficile de toutes : « Qui suis-je, maintenant ? »

Marrakech. Une ville où l'intensité du monde extérieur reflète celle que je ressens à l'intérieur. Les ruelles labyrinthiques, les odeurs d'épices, les appels au loin… Tout semble avoir quelque chose à raconter. Mais ce matin, tout est calme. Je suis dans un riad, et autour de moi, la lumière joue avec les murs, dessine des ombres mouvantes. J'observe cette danse. Et pour la première fois depuis longtemps, je me sens immobile. Pas figée. Présente.

Il y a trois ans, je n'aurais pas su reconnaître ce moment pour ce qu'il est. J'aurais cherché à le remplir, à le justifier. Aujourd'hui, je le laisse être. Parce que j'ai appris que revenir à soi, c'est aussi apprendre à être sans faire. Être dans le silence, dans l'instant, même s'il nous bouscule.

Je ne suis pas la femme que j'étais il y a trois ans. Pas parce que j'ai effacé mes doutes ou mes blessures, mais parce que j'ai appris à leur laisser de la place sans qu'ils prennent toute la place. J'ai changé. Lentement. Profondément. La naissance de ma fille n'a pas tout révolutionné, mais elle a ouvert une brèche. Une brèche où l'amour a trouvé un chemin. Pas un amour parfait, mais un amour vrai. Celui qui ne demande rien d'autre que d'exister.

Lilia. Rien qu'écrire son prénom me bouleverse. Pas par la complexité, mais par la simplicité de ce qu'elle représente. Lilia, c'est cette main qui attrape la mienne sans prévenir, avec une confiance totale. C'est ce regard, profond et curieux, qui me rappelle que je suis vue, tout entière, sans filtre, sans mensonge. Elle a cette manière de marcher dans la pièce, de remplir l'espace de sa présence, comme si le monde lui appartenait déjà. Elle rit, elle chute, elle se relève. Elle ne connaît pas encore le doute. Et dans ses gestes, je retrouve une partie de moi que j'avais perdue : cette liberté d'exister, tout simplement.

Avant que je parte pour Marrakech, elle m'a demandé : « Maman, tu écris pourquoi ? » J'ai souri, un peu prise de court. « Pour toi », ai-je répondu instinctivement. Mais ce n'est pas seulement pour elle. J'écris aussi pour moi. Pour cet espace qu'elle m'a permis d'ouvrir en moi, cet endroit où l'amour ne demande pas d'explications, où il ne s'accompagne pas d'un « si ». Avec Lilia, j'ai appris que l'amour est une offrande. Ma fille donne sans conditions, et sans même s'en rendre compte, elle m'apprend à faire de même.

En regardant autour de moi, je vois la lumière du matin jouer sur les murs du riad. Je vois les bougainvilliers qui s'élèvent, insouciants, comme si la gravité ne les concernait pas. Et je me rends compte que c'est peut-être cela, revenir à soi : trouver la légèreté dans le poids. Non pas en l'ignorant, mais en choisissant de ne pas le laisser tout définir.

Alors, vous qui lisez ces mots : revenez à vous. À ce que vous êtes déjà. Revenir à soi, ce n'est pas se libérer du passé. C'est apprendre à vivre avec ce qu'il nous a donné. Et comprendre que, malgré tout, nous sommes toujours en mouvement. Toujours capables. Toujours vivants.

24

À travers ses yeux : apprendre à aimer autrement

Je ne la vois que dans quatre jours, mais elle est partout. Même à des milliers de kilomètres, elle est là. Dans chaque phrase que je tape, dans chaque silence qui s'installe. Depuis qu'elle est née, elle est ma lumière. Pas celle qui éclaire tout et fait disparaître les ombres, mais celle qui me guide doucement à travers celles-ci.

Avant de partir, je l'ai regardée jouer. Elle s'était assise au milieu du salon, concentrée sur une poupée qu'elle habillait et coiffait. Ses petits doigts maladroits luttaient avec un ruban qu'elle voulait absolument attacher. Je l'observais, fascinée par son sérieux, sa manière de plonger dans son propre monde. À un moment, elle a levé les yeux et m'a demandé :

— Tu pars où, maman ?

— À Marrakech. Je vais écrire.

Elle a réfléchi une seconde, puis m'a regardée avec une intensité qui m'a presque coupé le souffle.

— Tu reviens quand ?

— Dans quatre jours. Tu seras avec papa, et moi, je vais travailler sur mon livre.

Elle a hoché la tête, rassurée. Elle sait que je reviens toujours. Mais ce qu'elle ne sait pas encore, c'est que cette suite parle aussi d'elle. Pas directement, mais dans tout ce qu'elle représente. Ce qu'elle m'a appris sur l'amour, sur la résilience, sur la manière dont on peut se reconstruire.

Je repose mes mains sur le clavier. Je tape vite, sans réfléchir. Pas parce que je veux aller vite, mais parce que je n'ai pas le choix. Cette suite a mis trois ans pour sortir. Elle n'attendra pas un jour de plus. Les mots viennent bruts, parfois désordonnés, mais je ne m'arrête pas. Je ne veux pas les retenir. Ils m'échappent presque, mais c'est ce qui leur donne leur force.

J'écris aussi pour moi. Pour poser tout ce qui s'est accumulé en moi ces trois dernières années. Pour ne pas laisser les souvenirs flotter sans ancrage. Pour transformer ce qui me traverse en quelque chose de palpable, de réel.

La vérité, c'est que j'écris parce que je ne sais pas faire autrement. Parce que c'est ma manière de respirer, de comprendre, de donner un sens à ce que je ressens.

Je pense souvent à ma fille quand je travaille sur cette suite. À ses questions, à ses silences. Elle a cette manière de poser des mots qui semblent simples, mais qui bouleversent tout. Quand elle demande pourquoi je pars, ce n'est jamais une critique. C'est une demande de vérité. Et moi, je veux lui offrir cette vérité, même si elle ne la comprend pas encore. De même que, sans le savoir, elle est devenue l'une des raisons pour lesquelles j'écris. Parce qu'un jour, quand elle sera prête, je veux qu'elle lise ces mots et qu'elle sache. Qu'elle sache que sa mère n'était pas parfaite, mais qu'elle faisait de son mieux. Toujours.

Dans quatre jours, je serai de retour. Elle courra vers moi, les bras ouverts, et son rire remplira l'espace. Ce moment, je le sais, effacera toute la distance. Elle me rappellera ce qui compte vraiment : être là, simplement. Pas parfaite, pas réparée à 100 %, mais présente.

25

Faire face à l'ombre : ne plus avoir honte

Les ombres. On les fuit, on les redoute, on les cache. On les porte comme un poids, parfois sans même en connaître la source. Pendant des années, les ombres m'ont suivie comme une seconde peau. Invisibles pour les autres, mais terriblement réelles pour moi. Elles dictaient mes choix, mes silences, mes peurs. Et surtout, elles portaient cette honte. Sourde. Invisible. Implacable.

Mais ce n'étaient pas les ombres elles-mêmes qui me faisaient mal. Ce n'étaient pas leurs contours ni leurs murmures. C'était la honte que je leur associais. Une honte qui m'enfermait, m'étouffait, me paralysait.

Je l'ai appris à mes dépens. Tout ce que je taisais, tout ce que je cachais grandissait dans l'ombre. La honte est un poison lent. Elle se nourrit de tout ce que l'on n'ose pas dire. Et plus on se tait, plus elle s'étend.

Je me souviens d'un moment précis. Il y a quelques années, un ami m'avait demandé :

— Et toi, ça va ?

Ma réponse a été immédiate, presque automatique :

— Oui, ça va.

Un mensonge, bien sûr. Mais un mensonge tellement ancré en moi que je n'y réfléchissais même plus. À l'intérieur, je hurlais. Ce « ça va » n'était qu'un masque, une façade. Parce que dire la vérité, c'était exposer mes failles. Et mes failles, je les croyais honteuses. Inavouables.

Ce que j'ai appris depuis, c'est que mettre des mots sur ce que l'on ressent, c'est déjà commencer à guérir. Dire : « Je vais mal », ce n'est pas faire un aveu de faiblesse. C'est une manière de reprendre le contrôle. De désamorcer la honte. Parce que si elle prospère dans le silence, elle s'efface dans la vérité.

Ce que je porte, ce que je traverse, ce ne sont pas des malédictions. Ce sont des leçons. Longtemps, j'ai vu mes échecs comme des condamnations. Chaque erreur, chaque chute était pour moi une preuve que je n'étais pas assez : pas assez forte, pas assez rapide, pas assez tout.

Mais aujourd'hui, je sais que chaque chute m'a appris quelque chose. Que chaque erreur a pavé un chemin que je n'aurais pas voulu autrement. Parfois, ce chemin était difficile, escarpé. Parfois, il m'a fallu des années pour comprendre pourquoi je l'avais emprunté. Mais avec le recul, je vois que rien de ce que j'ai vécu n'était vain.

Les ombres ne sont pas là pour nous retenir. Elles sont là pour nous rappeler tout ce que nous avons surmonté. Elles ne sont pas des malédictions : elles sont des points de repère.

Longtemps, j'ai évité de regarder en arrière. Tout ce qui me rappelait mes douleurs, mes échecs, mes regrets, je l'ai enfoui. Je pensais que fuir était la solution. Mais plus je fuyais, plus mes ombres grandissaient. Elles devenaient plus grandes, plus menaçantes, parce que je refusais de les affronter.

Un jour, j'ai décidé de les regarder. Pas pour m'y perdre, mais pour les comprendre. Ce que j'ai vu, ce n'était pas un monstre. Ce n'était pas cette version de moi que je redoutais tant. C'était juste moi.

Une version de moi qui avait eu peur, qui avait souffert, mais qui avait survécu.

Faire face à ses ombres, ce n'est pas chercher à les vaincre. C'est leur dire : « Je te vois. Je sais que tu es là. Mais tu ne me définis plus. »

Il fut un temps où je croyais que pour être bien, il fallait que tout soit parfait. Que je devrais chasser mes doutes, mes failles, mes peurs. Mais la lumière et l'ombre coexistent, l'une ne peut exister sans l'autre. La lumière ne détruit pas l'ombre. Elle la rend supportable.

Ma fille est ma lumière. Pas parce qu'elle efface ce qui me fait mal, mais parce qu'elle me rappelle ce qui est beau. Elle m'a appris que je pouvais être aimée, même avec mes failles. Que l'amour ne demande pas de perfection, mais de la présence. Que je n'ai pas besoin d'être entière pour être digne.

Je ne fuis plus mes ombres. Elles sont là, mais elles ne me contrôlent plus. Je les vois, je les accepte, et je choisis d'avancer malgré elles. Avec elles.

Ce que je veux vous dire, c'est que vous n'avez pas à fuir les vôtres. Elles ne vous définissent pas. Elles vous racontent.

Faire face à ses ombres, c'est leur donner leur place et comprendre qu'elles font partie de vous, mais qu'elles ne sont pas tout. Parce qu'à la fin, ce qui compte, ce n'est pas l'ombre. C'est ce que vous choisissez d'en faire.

Et si vous écriviez aujourd'hui votre propre lettre à vous-même ? Une lettre dans laquelle vous vous pardonnez. Une lettre dans laquelle vous promettez de prendre soin de vous. Une lettre qui dit : « Je mérite d'être aimé, d'abord par moi-même. »

Partie VI

Apte à s'aimer soi-même

26

Écrire l'après : ce que la vie m'a appris

Pendant longtemps, j'ai cru que les réponses viendraient de l'extérieur. Des mots d'un thérapeute, des conseils bienveillants d'amis, ou même de ce que je lisais dans les livres. Mais la vérité, c'est qu'aucune réponse ne viendra de là. Écrire cette suite, déposer ces mots sur mon écran, c'est ma manière de comprendre que tout commence et que tout finit toujours en soi.

Si je devais résumer ce que j'ai appris depuis trois ans, ce serait ceci : on ne guérit pas en cherchant à effacer. On guérit en comprenant, en accueillant et, surtout, en choisissant ce que l'on fait de ce que l'on porte. Ces trois années m'ont appris que la vie est moins une quête de perfection qu'un apprentissage du mouvement. Un mouvement constant entre l'ombre et la lumière, l'effort et le lâcher-prise.

Depuis mon premier livre, j'ai appris à transmettre autrement. J'ai compris que raconter, c'est aussi donner des clés. Alors, voici les premières clés que la vie m'a confiées :

1. **Tout ce que nous vivons a un sens, mais pas tout de suite.** Combien de fois ai-je voulu comprendre tout, tout de suite ? Combien de fois ai-je cherché une explication immédiate à ce que je traversais ? J'ai découvert que certaines réponses prennent du temps. La patience est l'une des leçons les plus dures que la vie m'a enseignées. Mais elle est aussi l'une des plus nécessaires. Ce que je croyais être des errances était en réalité des étapes. Des apprentissages que je ne pouvais pas encore voir pour ce qu'ils étaient. Aujourd'hui, je regarde ces moments et je comprends leur sens. Pas parce qu'ils étaient « justifiés », mais parce qu'ils m'ont construite.

2. **Nos cicatrices ne sont pas nos ennemies.** J'ai passé une grande partie de ma vie à fuir ce qui me faisait mal. À essayer de cacher, d'oublier, de prétendre que je pouvais être quelqu'un d'autre. Ce que j'ai appris, c'est que plus on fuit, plus ce que l'on fuit devient puissant. La seule manière de vivre avec ses cicatrices, c'est de les regarder en face. Pas pour les glorifier, mais pour les comprendre. Une cicatrice est une preuve de survie. Une preuve que, malgré tout, on a continué. Et un rappel que ce que l'on a surmonté peut devenir une force, si on le décide.

3. **Aimer, ce n'est pas réparer.** Je pensais que pour être une bonne mère, je devais être parfaite. Effacer mes failles, gommer mes doutes, tout comprendre et tout prévoir. Mais ma fille m'a appris quelque chose d'essentiel : elle n'a pas besoin d'une mère parfaite, elle a besoin d'une mère heureuse. Aimer, ce n'est pas s'oublier pour l'autre, c'est

s'épanouir pour mieux rayonner. C'est comprendre que mon bonheur n'est pas un luxe, mais un cadeau que je lui transmets. Parce qu'un parent heureux, c'est un enfant qui grandit dans la lumière.

4. **Tout est mouvement.** Rien ne reste figé. Ni les émotions, ni les douleurs, ni même les joies. Pendant longtemps, je me suis accrochée à l'idée que la vie pouvait être stable, immuable. Mais j'ai appris que la stabilité, ce n'est pas l'absence de mouvement : c'est apprendre à danser avec ce mouvement. La douleur passe. Mais la lumière aussi. Tout est temporaire, et c'est ce qui rend chaque moment précieux. Cette suite que j'écris ici, à Marrakech, est un instant. Un fragment. Elle est importante, mais elle n'est pas tout. Et c'est dans cette impermanence que réside sa force.

Quand j'écris, je ne cherche pas des réponses définitives. Je n'en ai pas. Ce que j'ai, ce sont des morceaux de vérités que j'ai découvertes en chemin.

Ce chapitre est une pause dans mon écriture frénétique. Une manière de me rappeler pourquoi je fais tout cela : pour transmettre, pour offrir, et aussi pour me souvenir.

27

Devenir entière : apprivoiser ses contradictions

Quand j'ai terminé mon premier livre, je vous ai laissé avec une question. Une question suspendue, presque lancée comme un défi : « Est-ce mon devoir de retrouver ma mère biologique et de lui dire que je vais bien ? Ou est-ce que je continue d'avancer avec ce que j'ai déjà ? » Je venais de retrouver dans mes affaires une lettre datant de 1994, qui aurait écrite par ma mère biologique. Je l'avais fait traduire et y avais découvert son nom et prénom, qu'elle était née en 1967 et qu'elle n'avait pas les moyens de me nourrir même si elle l'aurait aimé. Elle exprimait également le fait qu'elle serait heureuse de me savoir « en sécurité auprès d'une famille ». À l'époque, ce document de 1994, posé entre mes mains, me semblait presque un pont vers un autre monde. Un pont fragile, mais existant. Il avait été signé, contenait des détails, un semblant d'explication, et je voulais y croire. Peut-être y croyais-je même trop.

Alors, j'ai cherché. Avec ce que j'avais, avec ce que je pouvais. J'ai contacté des gens, ouvert des pistes, exploré les moindres indices. Mais tout menait à une impasse. Rien ne collait. Et plus je creusais, plus un doute grandissait : et si cette lettre n'était pas ce qu'elle semblait être ? Et si elle n'avait pas été écrite par ma mère biologique ? Une fois cette idée entrée dans mon esprit, elle ne m'a plus quittée.

Je n'avais rien de concret. Pas de preuves formelles. Juste une succession d'incertitudes, de détails flous et de silences qui en disaient long. Ce courrier, que j'avais pris pour une clé, n'était peut-être qu'un faux espoir. Un mensonge, volontaire ou non, pour rendre l'abandon plus acceptable. Une illusion.

Cette idée m'a brisée, un temps. Parce que si ce message n'était pas vrai, alors qu'est-ce qui l'était ? Tout ce que je pensais savoir de cette femme s'effaçait. Elle redevenait une figure indistincte, un vide sans contours.

Mais avec le temps, j'ai compris quelque chose : même si cette lettre était fausse, elle ne m'enlevait rien. Ma vie, mon histoire, ma force ne dépendent pas de son authenticité. Ce que je suis, je l'ai construit moi-même.

Plus tard, deux femmes se sont présentées à moi en prétendant être ma mère biologique. Deux visages, deux voix, et à chaque fois, une promesse : celle de combler ce vide. À chaque fois, j'ai voulu croire que c'était possible. Et à chaque fois, j'ai découvert que ce n'était qu'une illusion.

La première fois, j'ai cru m'effondrer. Parce qu'elle disait ce que je voulais entendre. Parce qu'elle jouait le rôle que j'attendais. Quand tout s'est écroulé, c'est comme si cette ombre, cet espoir que je portais depuis toujours devenaient plus lourds encore.

La deuxième fois, j'étais plus lucide. Je savais que la vérité pouvait être douloureuse et, surtout, était susceptible de s'effondrer à nouveau. Quand ça s'est produit, ça n'a pas eu la même prise sur moi. Parce que j'avais compris quelque chose d'essentiel : ma complétude ne dépend pas d'une mère retrouvée ou d'un passé reconstruit. Elle dépend de moi. Je n'ai pas besoin de réponses pour être entière.

Aujourd'hui, cette lettre est toujours là. Je ne l'ai pas détruite. Elle reste dans mes affaires, non pas parce qu'elle représente une vérité, mais parce qu'elle m'a permis de poser une question fondamentale : « Que veux-tu faire avec ce que tu as ? »

Je n'ai pas de certitude sur son authenticité. Et peut-être que je n'en aurai jamais. Mais ce que je sais, c'est qu'elle ne me définit pas. Elle m'a ouvert un chemin de réflexion, une quête qui m'a menée à une réponse inattendue : je n'ai pas besoin de retrouver cette femme pour avancer.

Quand je pense à ma fille, je me rends compte combien elle m'apprend sur mes propres contradictions. Un jour, alors qu'elle jouait, elle m'a demandé :

— Maman, pourquoi tu souris avec les larmes aux yeux ?

J'ai souri, justement, en entendant sa question. Parce qu'elle avait vu juste. Je suis pleine de contradictions. Je peux être triste et heureuse à la fois. Aimante et effrayée. Forte et fragile. Ces dualités, que je croyais être des failles, sont en réalité des preuves que je suis vivante.

Le vide laissé par cette femme que je n'ai jamais connue, je ne le comblerai jamais. Mais je n'en ai plus besoin. Il fait partie de moi, comme une pièce de puzzle qui manque, mais qui n'empêche pas le reste du tableau de tenir.

Ce vide, je l'ai transformé. Il ne m'aspire plus ; il me porte. Il m'a appris à être tout pour moi-même, à construire ma vie avec ce que j'ai, et non avec ce qui manque.

Ce que j'ai appris sur le chemin de l'entièreté

1. **On n'a pas besoin de toutes les réponses.** Certaines questions resteront ouvertes, et c'est d'accord. La vie continue malgré tout.
2. **Les contradictions enrichissent.** Être tristes et heureux, forts et vulnérables, c'est ce qui nous rend vivants.
3. **Le vide peut être une force.** Vous n'avez pas besoin de combler ce qui manque pour avancer. Vous pouvez construire autour, et être entier malgré tout.
4. **L'entièreté vient de l'intérieur.** Ce n'est pas ce que vous trouvez à l'extérieur qui compte, mais ce que vous décidez de cultiver en vous.

Si vous aviez vous-même cette lettre, que feriez-vous ? Moi, je la garde, mais elle ne me guide plus. Elle est là comme un rappel, non pas de ce que j'ai perdu, mais de ce que j'ai gagné : une vie que je construis, avec mes contradictions, mes doutes, et ce vide qui, en réalité, m'a appris à être pleine.

28

Apprivoiser le chaos : accueillir ses contradictions

Il y a un paradoxe dans le fait d'aller bien. On croit souvent que « se sentir mieux » signifie tout contrôler, trouver un équilibre parfait où chaque chose est à sa place. Mais la vie n'est jamais aussi ordonnée. Elle est imprévisible, parfois même chaotique. Et pourtant, c'est précisément dans ce chaos, que je trouve ma force.

Pendant des années, j'ai essayé de ranger ma vie dans des cases : le passé ici, le futur là-bas, mes peurs dans un coin bien fermé, et mes espoirs soigneusement rangés dans une boîte. En réalité, rien ne reste jamais à sa place. Tout bouge, se mélange. Et ce que j'ai compris, c'est que ce désordre n'est pas un échec. C'est la vie même. Il fut un temps où j'avais peur de ce que je ne pouvais pas contrôler. Chaque imprévu, chaque émotion qui surgissait sans prévenir, chaque moment où la vie ne se déroulait pas comme prévu était une menace. Je croyais que pour avancer, il fallait tout maîtriser : pensées, émotions, environnement.

Mais le chaos, ce n'est pas l'absence d'ordre. C'est un autre type d'ordre. Un ordre qui n'appartient pas à notre logique, qui a sa propre cohérence. Résister au chaos ne fait que renforcer sa puissance. En revanche, quand on décide de l'accueillir, il devient une opportunité. Une chance de découvrir en soi des forces qu'on ignorait.

Un jour, alors que je rangeais le salon après qu'elle y avait laissé ses jouets éparpillés, ma fille m'a arrêtée.

— Non, maman, c'est joli comme ça.

J'ai ri, parce que je ne voyais que du bazar. Mais elle voyait autre chose : un monde qu'elle avait créé, une scène où chaque objet avait sa place, même si cette place n'avait rien à voir avec mon idée de l'ordre.

Ce moment m'a marquée. Parce que dans ce chaos apparent, il y avait une harmonie que je ne voyais pas. C'est souvent comme ça, ce qui semble désordonné à première vue peut contenir une beauté inattendue.

Aujourd'hui, je ne cherche plus à « mettre de l'ordre » dans mon existence. Je ne cherche plus à ranger mes pensées ou mes émotions dans des cases définies. Je les laisse coexister, se mélanger, s'entrechoquer parfois. Parce que c'est dans ce mouvement que je trouve ma vérité.

Le chaos n'est pas une menace. Il est une invitation. Une invitation à être honnête avec soi-même, à accepter ce qui est, et à avancer sans avoir toutes les réponses.

Ce que le chaos m'a appris

1. **On ne peut pas tout contrôler, et c'est une force.** Il y a une immense liberté dans le fait de laisser aller ce qui ne nous appartient pas.

2. **Les contradictions font partie de nous.** Elles ne sont pas des failles. Elles sont des richesses.
3. **La beauté existe dans le désordre.** Ce n'est pas parce qu'une chose ne ressemble pas à ce qu'on avait imaginé qu'elle est moins belle.
4. **Lâcher prise, ce n'est pas abandonner.** C'est choisir. Choisir où l'on met son énergie, et accepter que tout ne dépend pas de nous.

Apprivoiser le chaos, ce n'est pas le ranger. C'est apprendre à vivre avec lui. C'est accepter que la vie ne sera jamais parfaitement ordonnée, mais qu'elle n'a pas besoin de l'être. Et, dans ce chaos, choisir d'avancer, encore et toujours.

29

L'arme invisible : vivre en équilibre entre deux mondes

Longtemps, je me suis jugée durement. Parce que j'étais à la fois forte et fragile. Parce que je pouvais être douce un jour et en colère le lendemain. Parce que je pouvais aimer profondément et douter de tout dans la même journée.

Je voyais ces contradictions comme des faiblesses, comme des preuves que je n'étais pas assez cohérente, pas assez stable. Mais j'ai fini par comprendre que ces apparentes contradictions sont en réalité ce qui fait de moi une personne entière.

Je ne suis pas une seule chose. Je suis tout à la fois : l'ombre et la lumière, la force et la vulnérabilité, la certitude et le doute. Et c'est cette richesse qui me permet de continuer à avancer.

Il y a quelque chose de profondément libérateur dans le fait d'accepter que l'on ne contrôle pas tout. Cela ne signifie pas renoncer ou abandonner. Cela signifie choisir où l'on met son énergie. J'ai compris que je ne pouvais pas tout réparer, tout anticiper, tout résoudre. Mais je peux choisir ce sur quoi je me concentre.

Ce lâcher-prise, je l'ai appris à travers ma fille. Elle ne vit pas dans le contrôle. Elle vit dans l'instant. Elle rit, elle pleure, elle questionne, elle s'émerveille, le tout en une seule journée. Elle ne s'inquiète pas de ses contradictions parce qu'elle n'en a pas conscience. Elle est, simplement.

Ces trois années ont été marquées par des contrastes, des contradictions, et une leçon essentielle : je n'ai pas besoin de choisir entre mes différentes facettes. Je peux être tout cela à la fois. Une femme, une mère, une épouse, une exploratrice. Une personne qui vit intensément, même si cela signifie parfois perdre pied.

1. **Vous n'avez pas à choisir.** La vie n'est pas faite pour être linéaire. Elle peut être multiple, complexe, et c'est ce qui la rend riche.
2. **L'équilibre est un mouvement.** Ce n'est pas un état figé. C'est un ajustement constant, entre ce que vous voulez et ce que vous ressentez.
3. **Soyez curieux.** C'est dans la curiosité, dans l'ouverture que l'on trouve les réponses. Ne vous enfermez pas dans une seule vision de la vie.

30

Quand l'amour éclaire tout : une étape, pas une fin

L'amour n'est pas un point final. Il est un mouvement. Un fil tendu qui nous invite à avancer et, même si nous tombons parfois, à toujours nous relever. Pendant des années, je l'ai cherché comme une réponse : une conclusion qui viendrait guérir mes doutes, combler mes manques, aligner tout ce qui vacillait en moi. Mais ce que j'ai appris, c'est que l'amour ne résout rien. Il ne simplifie pas la vie. Il l'éclaire, c'est tout.

Et c'est suffisant.

Daniel et moi, nous avons appris, ensemble, à composer avec nos forces et nos failles. Dans cette cohabitation parfois maladroite, parfois magnifique, j'ai compris que l'amour n'est pas une certitude. Il est une promesse que l'on renouvelle chaque jour.

Avec ma fille, c'est différent. Son amour est brut, immédiat, inconditionnel. C'est celui qui me ramène à l'essentiel quand je m'égare. Elle ne demande pas de preuves, elle ne cherche pas d'explications. Elle m'aime comme je suis, avec mes doutes, mes absences, mes élans. Dans son regard, j'ai appris à voir ce que je ne voyais pas toujours en moi : une force. Pas parfaite, mais capable.

L'amour n'est pas un point final. Il est un mouvement, une force qui nous traverse et nous transforme. Il ne fige rien, il nous invite à avancer, parfois à tomber, souvent à nous relever.

Pendant longtemps, je l'ai cherché comme une réponse, une certitude qui viendrait combler ce qui manquait, apaiser mes doutes, ordonner ce qui vacillait en moi. Mais j'ai compris que l'amour ne résout pas tout. Il ne simplifie pas la vie, il l'éclaire. Et c'est déjà immense.

Avec Daniel, nous avons partagé bien plus que des instants, nous avons bâti quelque chose de sincère, appris l'un de l'autre, grandi ensemble. L'amour nous a guidés, il nous a réunis, puis, doucement, il nous a montré que parfois, avancer, c'est aussi accepter que les chemins prennent des directions différentes. Ce n'est ni un échec, ni un renoncement. C'est une évolution, une autre manière d'exister, de se respecter, de continuer à se porter dans le souvenir de ce qui a compté.

Et puis, il y a l'amour d'une fille, un amour brut, immédiat, inconditionnel. Il me ramène à l'essentiel quand je m'égare. Elle ne cherche pas d'explication, elle n'attend pas que je sois parfaite. Elle m'aime dans mes doutes, mes absences, mes élans. Et dans son regard, j'ai appris à voir ce que je ne voyais pas toujours en moi : une force. Pas une mère infaillible, mais une mère vivante.

Ces trois dernières années m'ont appris que l'amour n'est pas une fin en soi. Il est une boussole qui guide, une impulsion qui pousse à avancer. Il ne donne pas toutes les réponses, mais il nous ancre dans quelque chose de plus grand.

Il y a eu des jours où je doutais de tout : de mes choix, de mes capacités, de la place que je prenais dans cette vie que je construisais. Des jours où même l'amour semblait fragile, presque insaisissable. Mais dans ces moments-là, il y avait toujours un geste, un mot, un regard pour me rappeler l'essentiel. Aimer, ce n'est pas être sûr de tout. C'est avancer malgré les incertitudes ; c'est choisir, chaque jour, même quand tout vacille.

Quand je pense à ce que signifie aimer, je ne vois pas une émotion figée, mais un acte, un mouvement. Aimer, c'est croire en quelque chose qui nous dépasse. C'est accepter que rien n'est parfait, mais continuer à construire, à donner, à être présent d'une manière qui a du sens.

Un jour, ma fille m'a demandé : « Maman, pourquoi tu fais toujours des câlins même quand t'es fatiguée ? » J'ai souri et je lui ai simplement répondu : « Parce que c'est important. Parce que ça montre que je suis là. »

Mais aujourd'hui, je sais que « être là » ne veut pas dire être partout, tout le temps. Ce que je veux lui transmettre, ce n'est pas l'idée qu'aimer signifie s'oublier, mais au contraire, que l'amour véritable commence en soi. Que l'on aime mieux quand on est aligné avec soi-même. Que pour prendre soin des autres, il faut aussi savoir prendre soin de soi.

Aimer, ce n'est pas s'accrocher à une seule forme d'amour, c'est lui laisser l'espace d'évoluer, de se réinventer. C'est comprendre que l'amour n'a pas besoin d'être parfait pour être vrai. Qu'il ne nous enferme pas, il nous ouvre.

L'amour, c'est avancer. Ce n'est pas un refuge où tout s'arrête. C'est un élan, une promesse en mouvement, une lumière qui nous accompagne, quelle que soit la route que l'on choisit.

À vous qui lisez ces lignes, je veux dire ceci : vous êtes capable d'aimer, même si vous avez peur. Vous êtes capable de recevoir, même si vous doutez de vous. Vous êtes capable de créer une lumière qui éclaire, même dans les jours les plus sombres.

31
L'héritage du vrai : ce que je lui laisse, ce que je vous laisse

Je ne sais pas où vous êtes, à cet instant précis, ni ce que vous cherchez dans ces mots. Mais je sais pourquoi je les écris : pour transmettre. Pas des leçons. Pas des vérités universelles. Juste des fragments de ce que j'ai appris en vivant.

Pour ma fille

Je ne peux pas lui laisser un monde parfait. Mais je peux lui transmettre une certitude : elle n'a pas à être autre chose que ce qu'elle est pour être digne d'amour.

À ma fille, je laisse plus qu'une histoire. Je lui laisse une mémoire. La mémoire d'une femme qui a appris à marcher au bord du précipice sans y tomber. La mémoire d'une mère qui a douté de tout, souvent d'elle-même, mais qui n'a jamais cessé de croire qu'on pouvait avancer.

Un jour, elle lira peut-être ces mots. Et si elle le fait, j'espère qu'elle y verra un élan, pas un poids. J'espère qu'elle comprendra qu'elle n'a pas à réparer ce qui n'a pas été. Qu'elle est libre d'être : d'explorer, d'échouer, de recommencer.

Je veux qu'elle sache que la force ne se trouve pas dans l'absence de faille, mais dans la manière dont on accueille le chaos. Que ce qui la bouleverse aujourd'hui peut devenir ce qui la grandit demain.

À elle, je laisse ces mots : « Le chemin ne sera jamais droit, mais il sera le tien. Et cela suffira toujours. »

Pour vous

À vous, lecteur, compagnon d'un bout de ce voyage, je veux laisser une flamme. Pas une lumière éclatante qui chasse toutes les ombres, mais une petite flamme qui persiste, même dans l'obscurité.

Vous êtes capable. De traverser ce qui vous semble insurmontable. De reconstruire, de rêver à nouveau, même après la chute. Vous êtes capable, non pas parce que vous êtes parfait, mais parce que vous êtes humain.

Ce que je veux transmettre, c'est cette certitude : vous n'êtes pas vos doutes. Vous n'êtes pas vos échecs. Vous êtes ce que vous choisissez d'être, jour après jour.

Je veux que vous sachiez que ce que vous traversez ne vous définit pas. Ce sont vos pas, même hésitants, qui créent votre chemin.

À vous, je laisse cette vérité simple : *vous êtes capable de vivre avec ce que vous portez. De le transformer. De l'éclairer. Et, peut-être, de le partager.*

Conclusion

La vie est une toile en perpétuelle construction. Chaque douleur, chaque joie, chaque décision en est une nuance. Ce que vous tenez entre vos mains, ce livre, ce n'est pas une fin, c'est un début. Le début d'un nouveau chapitre, pour moi, mais peut-être aussi pour vous.

Ce que j'ai appris au fil des années, c'est qu'il ne faut jamais sous-estimer le pouvoir d'un choix, d'un simple « oui » ou d'un « non ». Tout commence là, dans ce moment où vous décidez de vous relever, de recommencer, de construire. Même lorsque tout semble s'effondrer, il suffit d'un pas. Juste d'un pas.

Il m'a fallu du temps pour comprendre que l'abandon, la culpabilité, la solitude ou le rejet ne sont pas des chaînes, mais des leçons. Il m'a fallu du temps pour me pardonner. Pour transformer mes cicatrices en forces. Pour reconnaître que même dans l'obscurité la plus totale, une lumière peut jaillir.

Et cette lumière, elle est en chacun de nous.

Nous avons tous un moment où la vie nous défie, où elle nous pousse à choisir : avancer ou rester figé. J'ai choisi d'avancer. Pas parce que c'était facile, mais parce que c'était nécessaire. Parce que rester immobile, c'est mourir un peu. Alors, je vous invite à faire de même.

Regardez-vous. Regardez ce que vous êtes, ce que vous avez traversé. Chaque faille, chaque épreuve a contribué à vous façonner. Vous êtes plus fort, plus capable que vous ne l'imaginez. Et si vous ne me croyez pas, relisez ces pages. Elles sont la preuve vivante qu'il est possible de tomber, de toucher le fond, et de remonter.

Je n'ai pas toutes les réponses, et c'est ce qui rend la vie si fascinante. Ce que je sais, en revanche, c'est que nous sommes tous à une décision de vivre une vie extraordinaire. Alors, osez. Écrivez ce message. Faites ce pas. Suivez cette intuition. Transformez vos blessures en tremplins, vos échecs, en victoires.

Et surtout, aimez. Aimez-vous. Aimez la vie, même lorsqu'elle est cruelle, car c'est dans ces moments-là que vous trouvez votre véritable force.

Rien n'est jamais figé. Vous avez le pouvoir de créer, de transformer, de vivre. Vous êtes capable. Capable de rêver plus grand. Capable de choisir votre propre chemin.

Aujourd'hui, je ne sais pas exactement où la vie me mènera. Mais ce que je sais, c'est que je continuerai à avancer. Pour moi. Pour ma fille. Pour ceux que j'aime. Parce que la vie ne se mesure pas en années, mais en moments où l'on ose être pleinement soi.

Et vous ? À quoi ressemblera votre prochain chapitre ? La route n'est pas tracée, mais elle vous attend. Alors, prenez-la. Créez-la. Et rappelez-vous, vous êtes toujours à une décision de tout changer.

Avec toute ma foi en vous,

Candice

Je ne suis qu'une voix parmi tant d'autres, mais si ces mots ont trouvé un écho en vous, alors nous sommes connectés. Vous savez où me trouver, là où tout continue, là où je partage encore, autrement : @candiceroz.
Laissez-moi vos retours, vos ressentis, vos histoires. Ce livre n'est pas qu'à moi : il est à vous. Vos avis, vos partages, vos réflexions sont la preuve que ces pages continuent de vivre. Et cela, pour moi, est le plus grand des cadeaux.

Ce n'est pas un adieu. Ce livre n'est qu'un instant, un fragment. Je continuerai d'écrire, de partager, de marcher à vos côtés, d'une manière ou d'une autre. Et vous, vous continuerez aussi. Parce que ce livre n'est pas une fin : il est un début.

Alors, merci. Merci d'avoir lu. Merci d'avoir cru. Merci d'être là. Ce n'est pas la fin. Ce n'est jamais la fin.

Remerciements

Un grand merci à vous.

À Erwan et Clément, qui ont cru en moi dès le départ : merci pour votre soutien indéfectible, votre bienveillance et votre expertise, qui ont été des piliers tout au long de cette aventure.

À Sophie Rouanet, mon éditrice, Zoé Guillermin, et à toute l'équipe de ma maison d'édition : merci d'avoir cru en cette histoire et d'avoir travaillé à mes côtés pour la porter jusqu'à vous, lecteurs et lectrices.

À vous, justement, lecteurs et lectrices, je tiens à adresser ma gratitude la plus sincère. Merci d'avoir pris le temps d'entrer dans mon univers, d'avoir écouté mon histoire et d'avoir laissé ces mots résonner en vous.

Je suis infiniment fière d'avoir mené ce projet à bien. Mon plus grand espoir est que ce livre vous ait permis, d'une manière ou d'une autre, de vous libérer de vos fardeaux, de croire en vous, de poser un nouveau regard sur votre propre vie.

Si vous souhaitez soutenir mon travail, sachez qu'un simple commentaire ou une note sur les sites de vente en ligne (Fnac, Amazon…) peut faire toute la différence. C'est la meilleure façon d'offrir à ce livre une visibilité plus large et de permettre à d'autres de découvrir ces pages.

Merci encore, du fond du cœur, pour votre présence et votre confiance. À très bientôt, je l'espère, au détour d'un échange, d'une rencontre, ou de quelques mots partagés.

Avec toute ma gratitude,

Candice

Table des matières

Partie III
Là où tout s'enchaîne

Partie IV
Là où tout prend vie

Partie V
Coupable d'aimer trop fort

Partie VI
Apte à s'aimer soi-même

Ce livre existe grâce au travail de toute une équipe.

Communication : Caroline Babulle, Solveig de Plunkett, Victoire Brulon, Inès Paulin, Adélaïde Yvert.

Coordination administrative : Martine Rivierre.

Studio : Pascaline Bressan, Barbara Cassouto-Lhenry, Joël Renaudat.

Fabrication : Muriel Le Ménez, Céline Ducournau, Bernadette Cristini, Sophia Paroussoglou, Isabelle Goulhot.

Commercial, relation libraires et marketing : Catherine Lauprêtre, Naïma Ruan, Anne-Laure Heugel, Élise Iwasinta, Armand Jamme, Solenn le Meur, Joséphine Saint-Paul, Aurélie Scart.

Cessions de droits : Elisabeth Stempak, Benita Edzard, Lucile Besse, Sonia Guerreiro, Costanza Corri.

Gestion : Sophie Veisseyre.

Services auteurs : Viviane Ouadenni, Jean-François Rechtman, Catherine Reimbold, Anita Sevenant.

Ainsi qu'à toutes les équipes d'Interforum et d'Editis qui participent à la création, la diffusion et la distribution de ce livre.

Canoros Vehit Canentes

pcacmb
édition pré-presse
livres numériques

44400 Rezé

#lisez! engagé
Pour plus d'information :
www.lisez.com
Imprimé sur du papier issu de forêts gérées durablement.

Achevé d'imprimer en mai 2025
par Normandie Roto Impression s.a.s.
61250 Lonrai (Orne)
N° d'édition : 68561/01 – N° d'impression : 2502017

Imprimé en France